Dr. Ed. Bordeaux Székely

Die Lehren der Essener
»Essener-Meditationen«

Verlag Bruno Martin

Originaltitel: From Enoch to the Dead Sea Scrolls
© Dr. Edmond Bordeaux Szekely
Deutsche Rechte: Verlag Bruno Martin
Ins Deutsche übertragen von Reinhard Fuchs
Deutsche Erstveröffentlichung
Frankfurt 1979
Verlag Bruno Martin

Druck: Fuldaer Verlagsanstalt, Fulda

ISBN 3-921786-15-0

*Dieses Buch ist für alle,
die erkennen,
daß der Frieden des Ganzen
von der Anstrengung des Einzelnen
abhängt.*

*Und Enoch ging mit Gott;
und er war nicht;
denn Gott führte ihn.*

Genesis, 5:24

Vorwort

Die einzelnen Kapitel dieses Buches sind aus Materialien zusammengestellt, die von den Entdeckungen der Schriftrollen am Toten Meer im Jahre 1947 stammen. In den vorausgegangenen 20 Jahren, von 1927 bis 1947, schrieb und veröffentlichte ich eine Anzahl von Büchern über die Essener Gemeinschaft, die sich auf bestimmte historische Quellen stützen, wie jene der Arbeiten von Josephus, Flavius, Philo und Plinius, und auf Manuskripte der Bibliotheken des Vatikan, der Habsburger in Wien und des Britischen Museums. In diesen Büchern forschte ich nach den Essener-Traditionen, die meines Erachtens von großem praktischen Wert für den Menschen von heute sind.
Als die ersten Entdeckungen bei Qumran bekannt wurden und viele Personen mich aufforderten, eine Interpretation dieser neuen Entdeckungen zu veröffentlichen, entschloß ich mich, das in 2 Büchern zu tun. Dieser erste Band faßt den Kern der Essener-Traditionen aus Quellen von Qumran zusammen. Der zweite Band wird sich dann ausschließlich mit den neuen Entdeckungen beschäftigen.
Die vorliegende Arbeit betrifft die Bedeutung der Essener-Traditionen in Beziehung zu ihrem Wert für die Menschheit von heute und zu den lebendigen Übungen, die zu einer Erweiterung des Bewußtseins führen. Diese Werte können von vier Standpunkten aus gesehen werden.
1. Die Essener-Traditionen stellen eine Synthese der großen Beiträge der Menschheit von den verschiedenen Kulturen des Altertums dar.

2. Sie sind für uns ein Weg, der uns wegführt von einseitiger, zweckorientierter Technologie der zeitgenössischen Zivilisation, eine wahrhaftige und praktische Lehre, die alle Quellen der Energie, der Harmonie und des Wissens von allem, was uns umgibt, nutzt.

3. Sie geben uns beständige Werte zu einer Zeit, wo sich die Wahrheit in fortwährend sich verändernden Konzepten aufzulösen scheint.

4. Der daraus folgenden Neurose und Unsicherheit begegnen die Essener Lehren mit vollständigem Gleichgewicht und Harmonie.

Es ist erwähnenswert, was A. Powell Davies über die Essener in seinem Buch „Die Bedeutung der Schriftrollen vom Toten Meer" sagt: „Die christliche Kirche in ihrer Organisation, in ihren Sakramenten, in ihren Lehren und Büchern bezieht sich — und in ihren Anfängen war sich vielleicht sogar identisch damit — auf die 'neue Gemeinde', die als Essener bekannt waren, von denen einige die Schriftrollen vom Toten Meer geschrieben haben."

Ebenfalls bezeichnend für die Traditionen der Essener vor Qumram ist die Anwesenheit bestimmter Zarathustrischer Elemente, ein Umstand, den ich schon früher erwähnte und den Arnold Toynbee in seinen Schriften ebenfalls hervorgehoben hat. Sie enthalten eine ähnliche Beziehung zu späteren Lehren, wie jene der Kabbala oder der Freimaurer. Ihr einzigartiges Element, das offensichtlich unabhängig voneinander entwickelt wurde, ist die Wissenschaft von den Engeln.

Die Zitate, die jeweils den Kapiteln vorausgehen, sind aus zwei Schriftrollen vom Toten Meer, dem „Handbuch der Übungen" und den „Danksagepsalmen" oder dem „Buch der Hymnen", die ich von Photokopien der Originaltexte aus den Höhlen von Qumran übersetzt habe.*

Edmond Bordeaux Szekely
San Diego, Kalifornien, 1957

*siehe auch: „Die unbekannten Schriften der Essener", Frankfurt 1978

Inhalt

Kapitel

1. Die Essener und ihre Lehren   11

2. Das Eine Gesetz   17

3. Der Lebensbaum   25

4. Die Kommunionen
   I. Ihre Absicht und Bedeutung   31

5. Die Kommunionen
   II. Ihre praktische Ausübung   43

6. Der siebenfältige Frieden   57

7. Die Psychologie   87

8. Individuelle Selbsterforschung   97

*Das Gesetz ward' gepflanzt
in den Garten der Bruderschaft
um das Herz der Menschen zu erleuchten
und um ihnen klar zu zeigen
alle Wege der wahren Rechtschaffenheit,
den einfachen Geist, ein ausgeglichenes Gemüt,
ein ungezwungenes, hingebungsvolles Wesen,
und ewige Göttlichkeit, Verständnis und Einsicht,
und mächtiges Wissen, das in alle Werke Gottes vertraut,
und einen zuversichtlichen Glauben in seine
vielen Wohltaten,
und ein Geist des Wissens von allen Dingen
der großen Ordnung,
treue Gefühle gegenüber allen Kindern der Wahrheit,
eine strahlende Reinheit, die alles Unreine ablehnt,
eine Besonnenheit, die alle vorborgenen Dinge
der Wahrheit betrachtet
und auch die Geheimnisse des inneren Wissens."*

Aus dem „Handbuch der Übungen"
der Schriftrollen vom Toten Meer

Kapitel 1

Die Essener und ihre Lehren

In den fernen Zeiten des Altertums gab es eine bemerkenswerte Lehre, die in ihrer Bedeutung umfassend und in ihrer Weisheit zeitlos ist. Bruchstücke davon wurden in Sumerischen Hyroglyphen und auf Ziegeln und Steinen gefunden, von denen einige acht- bis zehntausend Jahre alt sind. Einige der Symbole, z.B. für die Sonne, Mond, Luft, Wasser und anderer Naturkräfte stammen sogar aus noch früherer Zeit noch vor der Sintflut, die die Pleistozän-Periode beendete. Wie viele tausende von Jahren die Lehre schon vorher bestand, ist unbekannt.

Beim Studium und der Ausübung dieser Lehre wird im Herzen jedes Menschen ein intuitives Wissen wiedererweckt, das seine eigenen Probleme und die Probleme der Welt lösen kann. Spuren dieser Lehre tauchten in fast jedem Land und jeder Religion auf. Ihre grundlegenden Ideen wurden im alten Persien, Ägypten, Indien, Tibet, China, Palästina, Griechenland und vielen anderen Ländern gelehrt. Aber in ihrer reinsten Form wurde sie von den Essenern übermittelt, dieser geheimnisvollen Bruderschaft, die während der letzten zwei oder drei Jahrhunderte vor Christus und während dem ersten Jahrhundert danach am Toten Meer in Palästina und am Mareotis-See in Ägypten lebte. In Palästina und Syrien waren die Mitglieder der Bruderschaft als Essener und in Ägypten als Therapeutae oder Heiler bekannt.

Der esoterische oder innere Teil ihrer Lehre wird im Lebensbaum, den Kommunionen und dem siebenfältigen Frieden beschrieben. Die exoterische oder äußere Lehre erscheint im

„Johannesevangelium der Essener", der „Genesis, eine Interpretation der Essener", „Moses, der Prophet des Gesetzes", und der „Bergpredigt".
Der Ursprung der Bruderschaft — so wird berichtet — ist unbekannt und die Herkunft des Namens ungewiß. Einige meinen, er kommt von Esnoch, oder Enoch, und berufen sich auf ihn als den Gründer, dem die Kommunionen mit der Welt der Engel zuerst gegeben wurden.
Andere wieder ziehen in Betracht, daß der Name von Esrael kommt, den Auserwählten des Volkes, denen Moses die Kommunionen auf dem Berg Sinai übermittelte, wo sie ihm durch die Welt der Engel offenbart wurden.
Aber wo auch immer ihre Herkunft liegen mag, so bleibt doch gewiß, daß die Essener für eine längere Zeit als Bruderschaft bestanden haben, vielleicht auch unter anderen Namen in anderen Ländern.
Die Lehre erscheint in der Zend Avesta von Zoraster (Zarathustra), der sie in eine Lebensweise übertrug, die für Tausende von Jahren Gültigkeit hatte. Sie enthält die grundsätzlichen Vorstellungen des Brahmanismus, der Vedas und der Upanischaden. Und auch das indische Yoga-System entsprang derselben Quelle. Buddha gab dann später im wesentlichen die gleichen Grundideen von sich und sein heiliger Boddhi-Baum entspricht dem Lebensbaum der Essener. Und in Tibet fand die Lehre noch einmal Ausdruck im Tibetanischen Lebensrad.
Die Pythagoräer und Stoiker im alten Griechenland folgten ebenfalls den Grundsätzen der Essener und vielem in ihrer Lebensweise. Und die gleiche Lehre war ein Element der Adonischen Kultur der Phönizier, der Alexandrinischen Schule der Geisteswissenschaft in Ägypten, und hat auch bei vielen Arten der westlichen Kultur weitreichend mitgewirkt — bei den Freimaurern, den Gnostikern, den Kabbalisten und Christen. Jesus selbst gab eine Auslegung in höchster Feinheit und Schönheit in den sieben Seligpreisungen der Bergpredigt.

Die Essener lebten an den Küsten von Seen und Flüssen, entfernt von Städten und Dörfern und lebten in Gemeinschaften, in der alle gleichermaßen alles miteinander teilten. Sie betrieben

Pflanzenanbau und Baumkultur. Sie verfügten über ein umfangreiches Wissen von Getreide, Erde und Klima, und das ermöglichte ihnen den Anbau einer Vielfalt von Früchten und Gemüsen in vergleichsweise ausgedörrten Gebieten mit einem Mindestmaß an Aufwand.

Sie hatten keine Diener oder Sklaven und waren auch die ersten, wie berichtet wird, die Sklaverei in Theorie und Praxis verurteilten. Es gab keine Reiche und Arme unter ihnen, denn beides wurde von ihnen als Abweichung vom Gesetz angesehen. Sie gründeten ihre eigene Wirtschaftsordnung, die auf dem Gesetz aufbaute und bewiesen damit, daß alle menschlichen Bedürfnisse nach Nahrung und materiellen Gütern durch das Wissen vom Gesetz ohne Mühsal erworben werden können.

Sie verbrachten viel Zeit mit Studium, sowohl der alten Schriften als auch besonderer Bereiche wie Erziehung, Heilkunde und Astronomie. Von ihnen wurde gesagt, sie seien die Erben der chaldäischen und persischen Astronomie und der ägyptischen Heilkunde. Sie waren in die Kunst der Prophezeiungen eingeweiht, auf die sie sich durch langes Fasten vorbereiteten. In der Anwendung von Pflanzen und Kräutern zur Heilung von Mensch und Tier waren sie ebenfalls Meister.

Sie lebten ein einfaches, gleichmäßiges Leben, erhoben sich jeden Tag vor Sonnenaufgang um die Naturkräfte kennenzulernen und mit ihnen ihre Kommunionen zu halten: ihr tägliches Bad in kaltem Wasser war ein Ritual für sie und das Anlegen von weißen Gewändern unterstrich die innere Reinheit. Nach ihrer täglichen Arbeit auf den Feldern und in den Weinbergen nahmen sie schweigend ihr Mahl ein und begannen und beendeten es mit einem Gebet. Sie waren vollkommene Vegetarier und nahmen niemals Fleischnahrung oder vergorene Flüssigkeiten zu sich. Ihre Abende widmeten sie dem Studium und den Kommunionen mit den himmlischen Kräften.

Der Abend war der Anfang ihres Tages und der Sabbath oder Feiertag begann am Freitagabend, dem ersten Tag ihrer Woche. Dieser Tag galt dem Studium, der Diskussion, der Unterhaltung von Besuchern und dem Spiel bestimmter Musikinstrumente, von denen Nachbildungen gefunden wurden.

Ihre Lebensweise ermöglichte ihnen, das hohe Alter von 120 Jahren und mehr zu erreichen, und es wurde davon gesprochen, daß sie über wunderbare Kräfte und Ausdauer verfügten. Und in allen ihren Handlungen kam ihre schöpferische Liebe zum Ausdruck.

Sie schickten Heiler und Lehrer aus ihrer Bruderschaft in die Lande. Unter ihnen waren Elias, Johannes der Täufer, Johannes der Geliebte und der große Essener-Meister Jesus.

Die Mitgliedschaft in der Bruderschaft konnte nur erreicht werden nach einer Probezeit von einem Jahr, drei weiteren Jahren Vorbereitungsarbeit und sieben weiteren Jahren. Erst dann konnte die Unterweisung in die gesamte, esoterische Lehre erfolgen.

Berichte von der Lebensweise der Essener sind uns übermittelt in den Schriften ihrer Zeit von Plinius, dem römischen Naturalisten, Philo, dem alexandrinischen Geisteswissenschaftler, Josephus, dem jüdischen Geschichtsforscher und Soldat, von Solanius und vielen anderen. Sie sprachen von den Essenern verschiedentlich als „eine eigene Rasse Mensch, bemerkenswerter als jede andere der Welt", „den ältesten Eingeweihten der Welt, die ihre Lehren aus Zentralasien erhielten", „wie sie lebenslänglich eine unwahrscheinliche Zeitspanne lang" „beständige und unvergängliche Heiligkeit" lehrten.

Einige der äußeren Lehren sind in aramäischen Schriften im Vatikan zu Rom erhalten, einige im Slawischen, die im Besitz der österreichischen Habsburger gefunden wurden. Von ihnen wird gesagt, sie wurden von Asien im 13. Jahrhundert von Nestorianischen Priestern mitgebracht, die vor den Horden des Dschingis Khan flohen.

Ein Echo der Lehre findet sich heute in vielen Formen, in Ritualen der Freimaurer, im siebenfachen Kerzenleuchter, im Gruß „Friede sei mit dir", wie es zur Zeit Moses üblich war.

Das ehrwürdige Alter und die Beständigkeit durch die Jahrtausende hindurch zeigen offensichtlich, daß diese Lehre nicht die Vorstellung eines einzelnen oder nur eines Volkes sein konnte, sondern eine Auslegung des kosmischen Gesetzes von einer Reihe großer Meister ist, dem Einen Gesetz, so ewig und unveränderlich wie die Sterne auf ihrer Bahn, das gleiche wie vor zwei oder zehntausend Jahren und heute noch genauso anwendbar wie damals. Die Lehre erklärt das Gesetz und zeigt, wie seine Mißachtung Ursache für alle menschliche Not wurde und zeigt schließlich den Weg, wie der Mensch aus seiner Zwangslage herausfinden kann.

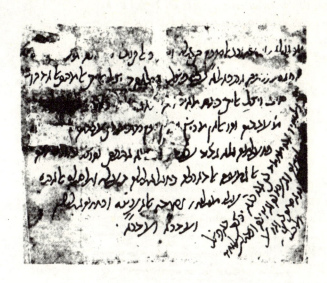

*Du hast mir offenbart
all die tiefen, geheimnisvollen Dinge.
Mit Deinem Gesetz führst Du mein Herz
so daß ich meine Füße
auf die rechten Wege setze
und dort einhergehe, wo Du bist.*

Aus dem „Handbuch der Übungen"
der Schriftrollen vom Toten Meer

*Das Gesetz ward gepflanzt
um die Kinder des Lichts zu beschenken
mit heilendem Frieden in Fülle,
mit langem Leben,
mit fruchtbarem Samen ewigwährender Wohltaten,
mit ewiger Freude
in der Unsterblichkeit des ewigen Lichtes.*

Aus dem „Buch der Hymnen VII"
der Schriftrollen vom Toten Meer

Kapitel 2

Das Eine Gesetz

Die Lehren, die Moses auf dem Berg Sinai empfing, wurden fünfzehnhundert Jahre später von den Essener Bruderschaften in Palästina und Ägypten gelebt.
Seine Lehren zu verstehen heißt, die Werte zu verstehen, welche die Übungen der Essener für den Menschen von heute haben. Moses hat das Gesetz gegeben, das Eine Gesetz. Er begründete den Monotheismus (Glaube an einen Gott), der nicht nur ein grundsätzlicher Leitbegriff der Essener Bruderschaft wurde, sondern auch der gesamten westlichen Zivilisation. Die authentischste Information, die wir über seine Lehre haben, kommt von diesen Bruderschaften.
Ihre Tradition teilt sein Leben in drei Zeitabschnitte ein und symbolisiert darin die Erfahrungen jedes Menschlebens. Im ersten Zeitabschnitt von 40 Jahren lebte er als Prinz von Ägypten, folgte dem Weg der Tradition und erwarb alles, was an Erziehung und Wissen verfügbar war. Er studierte die Rituale der Isis, des Amon-Ra und Osiris, die Lehre von Pta Hotep, das Ägyptische Totenbuch, und die Traditionen, die aus dem Osten nach Ägypten kamen, das zu dieser Zeit kulturelles Zentrum der Welt war. Aber in all seinen Studien fand er keine innere Entwicklungskraft oder verbindende Grundsätze, die das Weltall und zugleich die Probleme des Lebens erklären konnten.
Im zweiten Zeitabschnitt seines Lebens verbrachte er 40 Jahre in der Wüste und folgte dem Weg der Natur, erforschte das Buch der Natur, wie es andere große Weise und Propheten taten, Jesus eingeschlossen. Die großartige Weite der Wüste mit ihrer

Einsamkeit und Stille hat große innere Wahrheiten hervorgebracht. In diesem Lebensabschnitt hat Moses das Eine Gesetz entdeckt, die Gesamtheit aller Gesetze. Er fand heraus, daß dieses Eine Gesetz alle Formen des Lebens bestimmt und auch das ganze Weltall. Für ihn war es das größte aller Wunder, wie alles nach einem Gesetz gehorcht. Dann erst kam ihm die Idee von der Gesamtheit aller Gesetze. Und diese Gesamtheit nannte er das Gesetz, das Eine Gesetz.

Er beobachtete zuerst, daß der Mensch in einem lebendigen, sich ständig verändernden Universum lebt; Pflanzen und Tiere erscheinen und verschwinden wieder. Monde nehmen zu und ab. Einen ruhenden Punkt gibt es weder in der Natur noch im Menschen. Er sah, wie sich das Gesetz in dauerndem Wechsel verwirklichte, und wie hinter dem Universum ein Plan von kosmischer Ordnung in einem unendlich weiten Rahmen wirkte.

Er fing an zu begreifen, daß das Gesetz die größte und einzige Kraft im Weltall ist und daß alle anderen Gesetze und alle Dinge Teil dieses Einen Gesetzes sind. Und dieses ist ewig, unzerstörbar, ohne Lücke und Fehler. Eine Pflanze, ein Baum, ein menschlicher Körper oder ein Sonnensystem, alle haben ihre eigenen Gesetze, mathematische, biologische, astronomische. Doch die eine höhere Kraft, das Eine Gesetz, steht bei allem dahinter.

Dieses Gesetz bestimmt alles, was im Universum und auch in anderen Welten im All vor sich geht; alles Geschehen, alle Schöpfung, die geistige und die materielle. Es bestimmt alles, was besteht, in der Materie, in Energien und Kräften, im Bewußtsein, alles Wissen, alle Gedanken, alle Gefühle, die ganze Wirklichkeit. Dieses Gesetz erschafft das Leben und den Gedanken.

Die Summe allen Lebens auf allen Planeten im Weltall wurde von den Essenern als Kosmisches Meer des Lebens bezeichnet. Und die Summe aller gegenwärtigen Gedanken im Weltall wurde kosmisches Gedankenmeer oder kosmisches Bewußtsein, wie es heute bezeichnet wird, genannt.

Dieses kosmische Meer des Lebens und das kosmische Gedankenmeer bilden zusammen eine lebendige Einheit, und

der Mensch ist davon ein unabtrennbarer Teil. Jeder denkende Körper jedes Einzelnen ist in dauernder innerer Beziehung zu dieser Einheit. Jedes menschliche Wesen ist ein einzelner Teil dieser Einheit. Die Einheit ist das Gesetz, das Ewige Licht, von dem Moses gesprochen hat.
Und Moses sah, wie das Gesetz überall gebrochen wurde. Ägypten war entstanden, ohne darauf zu achten. Trotz der großen nationalen Macht von Heer und Politik gab es kein Gesetz der Gleichberechtigung. Elend und Sklaverei herrschten überall; Reich und Arm litten gleichermaßen durch Unterdrückung, Epidemien und Plagen. Moses lernte, daß die Ursachen aller Übel in der Mißachtung des Gesetzes lagen, und daß Regierende wie Regierte gleichermaßen die Schuld daran trugen.
So wurde Moses klar, daß alles, was aus Mißachtung des Gesetzes entsteht, sich selbst zerstört und zu Zeiten wieder verschwindet. Nur das Gesetz ist ewig.
Der dritte Zeitabschnitt von Moses' Leben, der Auszug aus Ägypten, begann, als er sich entschloß, den Rest seines Lebens der Verwirklichung und Anwendung des Gesetzes zu widmen und die Menschheit mit dem Gesetz zur Harmonie zu führen. Er sah den Umfang der Aufgabe vor sich, den Versuch, sowohl die unwissenden Massen als auch die überheblichen Herrschenden dahin zu bringen, das Gesetz anzunehmen und mit ihm in Harmonie zu leben. Anscheinend werden allen Weltreformern unüberwindliche Hürden entgegengesetzt, wenn reine Ideen negativen Kräften begegnen, wie der Trägheit des menschlichen Bewußtseins und dem Widerstand versteinerter Herrschaft. Darin wird das Ringen des Lebens gegen Stillstand sichtbar, der höheren Werte gegen Scheinwerte, der Freiheit gegen Sklaverei, und dieses Ringen ist nicht beschränkt auf eine bestimmte Zeit der Geschichte und auch nicht auf die Menschheit im allgemeinen, sondern ereignet sich immer wieder im Leben jedes einzelnen Menschen.
Als Moses herausfand, daß er die ägyptischen Herrscher nicht verändern konnte und auch nicht die Masse des Volkes, da wandte er sich einer kleinen Minderheit zu, dem versklavten und unterdrückten Volke von Israel, in der Hoffnung sie zu

bekehren und so eine neue Nation zu gründen, die ganz auf dem Gesetz aufbaute. Er ist der Einzige in der Geschichte des Universums, der eine solche Nation begründete.

Moses sah das Weltall als riesenhafte kosmische Ordnung, in der unauslöschbare Quellen von Energien, Wissen und Harmonie dem Menschen zur Verfügung standen. Er erinnerte sich stets der zwei Legenden seines Vorfahren Jacob, der mit einem Engel rang und ihn besiegte und später eine Vision von Engeln hatte, die eine Leiter hinauf und herabstiegen, die Himmel und Erde miteinander verbanden. Er erkannte in diesen Engeln die Kräfte der Natur und die Macht des menschlichen Bewußtseins und sah, daß diese Kräfte und Mächte das verbindende Glied zwischen Mensch und Gott waren. Er erkannte Gott in dem großen, allumfassenden Gesetz.

Und er kam zu dem Schluß, wenn der Mensch Gott erreichen will, so muß er zuerst Meister all dieser Kräfte werden, die ja Offenbarungen Gottes sind, Offenbarungen des Gesetzes. Er wollte sein Volk mit dem Gesetz stärken und das ist die Bedeutung des Wortes Israel. Und er wollte eine Ordnung des Lebens schaffen, die es ihnen ermöglichen würde, die Engel zu besiegen, so wie das der Vorfahre Jakob getan hatte. Das war die Grundlage der magischen Wissenschaft — so wie sie heute bezeichnet wird — die Grundlage der Wissenschaft von den Engeln, später als Engelkunde benannt.

Moses wollte von seinen Anhängern, daß ihnen bewußt werde, wie sie im ständigen Kontakt mit allen Kräften des Lebens sind, mit dem sichtbaren und unsichtbaren Weltall, und zwar jeden Augenblick ihres Lebens und an allen Punkten ihres Wesens. Und wenn sie mit diesen Mächten bewußt in Beziehung treten und beständig ihrer bewußt werden, so können sie sich vollkommener Gesundheit erfreuen, Glück und Harmonie im Körper und im Bewußtsein erlangen und das in jedem Bereiche ihres Lebens.

Der Weg, um diesen Kräften zu begegnen, war in die zwei Steintafeln eingraviert, die Moses vom Berg Sinai herunterbrachte, die er aber zerstörte, als er die Mehrheit seines Volkes nicht bereit für die Lehre vorfand, so wie noch heute die Mehrheit der Menschheit dafür nicht bereit ist und weiterhin für viele kommende Generationen nicht bereit sein wird. Aber den Wenigen, die bereit waren, denen lehrte er den Weg, wie er auf den Steintafeln beschrieben war, die Kommunionen mit den Engeln, wie sie durch Generationen hindurch in den Essener Bruderschaften erhalten wurden und wie sie noch heute vom Menschen geübt werden können.

Das war ein Teil der esoterischen Lehre von Moses, die in den Essener-Bruderschaften fünf Jahrhunderte lang vor der Zeit Christi gelebt wurde. In den späteren Traditionen der Essener wurde die abstrakte Idee des Gesetzes durch das Symbol eines Baumes ausgedrückt und Lebensbaum genannt. Moses hatte eine großartige Offenbarung erhalten, als er den brennenden Busch in der Wüste erblickte. Er zeigte ihm zwei wichtige Seiten des allumfassenden Lebens: Wärme und Licht. Die Wärme des Feuers symbolisierte das Lebensfeuer, die Lebenskraft in der stofflichen Welt. Das Licht symbolisierte das menschliche Bewußtsein und stellte das Licht der Weisheit im immateriellen Universum dar im Gegensatz zur Dunkelheit der Unwissenheit. Zusammen gesehen repräsentieren sie das gesamte Weltall und die Vorstellung, daß der Mensch im Zentrum Leben und Lebenskraft von allen Kräften des Kosmos schöpft.

Die Essener symbolisierten ihre Lehre im Lebensbaum, der ihnen in klarer Form zeigte, wie der Mensch eine Einheit von Energien, Gedanken und Gefühlen ist und eine Einheit von Lebenskräften, die dauernd mit der Gesamtheit aller Energien des Universums in Verbindung sind. Moses Wunsch war, die Menschen in Harmonie mit den Gesetzen leben zu sehen, die alle diese inneren und äußeren Kräfte des Menschen bestimmten. Der Mensch sollte sich dieser Gesetze bewußt werden und sie zu jeder Zeit seines Lebens nutzen.

Durch die Erforschung der Ganzheit des Gesetzes erlangte Moses ein intuitives Wissen von der Herkunft der Welt und dem Anfang der Dinge. Und von diesem Anfang aller Dinge leitete er die Gesetze für das tägliche Leben ab. Er lernte, daß alle Dinge Teil des Ganzen sind, und im Einklang mit dem Gesetz zusammenhängen. Und die sieben Elemente oder Grundkräfte des Lebens waren auch in sieben großen Zyklen der Schöpfung sichtbar, jeweils ein Element in jedem Zyklus. Er gruppierte die Tage der Woche in einen entsprechenden Abschnitt von sieben und betrachtete jeden Tag in bezug zu einem jeweils anderen Element. Das wurde von den Essener-Traditionen durch die siebenarmigen Kerzenhalter symbolisiert, auf dem die Kerzen jeden siebten Tag, dem Sabbath, angezündet wurden, um die Menschen an die sieben Zyklen zu erinnern, an die sieben Grundkräfte der sichtbaren Welt und an die sieben Grundkräfte der unsichtbaren Welt des menschlichen Bewußtseins.

Die drei Zeitabschnitte vom Leben Moses, in denen er das Gesetz und seine Offenbarungen entdeckte, stellen die drei Zeitabschnitte dar, die das Leben fast jeden Menschen bestimmen. Der erste, Ägypten, wurde die Zeit der Gefangenschaft genannt, der Dunkelheit in Unwissenheit, wo der freie Fluß der lebendigen Kräfte durch Unwissenheit und falsche Werte versperrt ist. Das Ägypten der Menschheit, seine Sklaverei, besteht in der Gesamtheit seiner Mißachtung des Gesetzes.

Der zweite Zeitabschnitt im Leben Moses' entspricht der Wüste im Leben des Einzelnen, wenn seine falschen Werte wegfallen und wenn er vor sich nichts als Leere entdeckt. Besonders in dieser Zeit benötigt der Mensch vor allem innere Führung, damit er seinen Weg zurück zum Licht, zum Gesetz findet.

Der dritte Zeitabschnitt, der Aufbruch, steht jedem Menschen offen. Das Licht scheint beständig und zeigt den Weg zum Aufbruch. Des Menschen Ägypten der Versklavung währt nie ewig. Der Aufbruch unter Moses dauerte 40 Jahre, und doch war es nur der Anfang auf dem Weg zur unmittelbaren Erkenntnis, dem Weg zu lernen, wie das Leben in Harmonie mit den Gesetzen des Lebens, der Natur und des Kosmos möglich ist. Ein Aufbruch für die Menschheit kann nur durch die sich vermehrenden Bemühungen vieler Menschen Erfolg haben, und das über mehrere Generationen hinweg.

Aber er kann durchgeführt werden und wird Erfolg haben.

Es gibt ein Kanaan, das kein sagenhafter Zukunftstraum ist, sondern lebendige Wirklichkeit. Der Aufbruch, „Exodus", ist der Weg, der nach Kanaan führt, der Weg, den Moses ging, der Weg, zu dem uns die Übungen der Essener den Weg beleuchten.

*Ich danke Dir, Himmlischer Vater,
denn Du hast mich
an die Quelle sprudelnder Ströme gesetzt,
an einen lebenden Brunnen in einem Land der Dürre,
der den ewigen Garten der Wunder bewässert,
den Lebensbaum, das Geheimnis der Geheimnisse,
der immerwährende Zweige für ewige Pflanzen hervorbringt,
auf daß sie ihre Wurzeln in den Lebensstrom eintauchen
aus einer ewigen Quelle.
Und Du, oh Himmlischer Vater
schütze ihre Früchte mit den Engeln des Tages
und der Nacht
und mit den Strahlen des Ewigen Lichts,
die jedem Wege leuchten.*

aus den „Danksagepsalmen"
der Schriftrollen vom Toten Meer
VIII 4 -12

Kapitel 3

Der Lebensbaum

Der Mensch schien wahrzunehmen, zumindest seit dem Beginn der Geschichtsschreibung, daß er von unsichtbaren Kräften umgeben war. In aufeinanderfolgenden Kulturen der Vergangenheit hatte er gewisse Symbole benutzt um seine Beziehung zu diesen Kräften auszudrücken, in deren Mitte er sich bewegt. Diese geheimnisvollen Symbole, wie sie wohl in fast allen Religionen und magischen Lehren enthalten waren, werden hier im Lebensbaum symbolisiert. Als zentraler Gegenstand tiefster Eingebungen des Menschen fand er Ausdruck in Sagen und befruchtete seine innere Weisheit.
Von Zoroaster wurde er als das Gesetz selbst angesehen und war auch der Mittelpunkt seiner Geisteswissenschaft und seiner Denkweise. In den verborgenen Lehren von Moses, dem Essener Buch der Genesis, war es der Baum der Erkenntnis im Garten Eden, der von den Engeln bewacht wurde. Die Essener nannten ihn den Lebensbaum. Den früheren Darstellungen des Baumes fügten die Essener hinzu, was die alten Schriftgelehrten 'Engelkunde' nannten. Diese Wissenschaft von den Engeln war bei den Essenern in ihrer Bruderschaft in Palästina entwickelt worden. Ihre Engel waren die Kräfte des Universums.
Viele der alten Völker wußten, daß diese unsichtbaren Kräfte ein Quell von Energie und Macht waren und daß das Leben eines Menschen durch den Kontakt mit ihnen unterstützt wurde. Sie wußten, daß der Mensch seine eigene Entwicklung in Körper und Geist voranbringen konnte, wenn er dazu fähig war, diese Kräfte bis zu einem bestimmten Grade zu nutzen.

Sein Leben konnte gedeihen, wenn er sich selbst in Harmonie mit ihnen brachte. Einige der Leute wußten nicht nur von diesen Kräften, sondern hatte auch besondere Methoden, um mit ihnen in Berührung zu kommen und sie zu nutzen.

In vielen Ländern wurden diesen Kräften zwei Eigenschaften zugeschrieben, gute und schlechte, die ewig miteinander im Widerstreit lagen. Zoroaster beschreibt die Ahuras und Fravashis als die guten Kräfte, die für immer mit den bösen Kräften Khrafstras und Devas kämpften. Die Tolteken in Mexiko und Zentralamerika hatten ein Weltbild, bei dem die guten Kräfte, das Heer von Quetzalcoatl, die gefiederte Schlange, und die bösen Kräfte, das Heer von Tezcatlipoca, der Jaguar, waren. Diese beiden Heere wurden in Gemälden der Tolteken in ständigem Konflikt miteinander dargestellt. In den Vorstellungen des Zoroasters und der Tolteken bekämpften die zerstörerischen Kräfte ständig die aufbauenden.

Die Vorstellung der Essener nun unterschied sich von diesen und anderen Weltanschauungen darin, daß sie nur die positiven und aufbauenden Kräfte im Weltall anerkannten.

Die Engel der Essener entsprechen den guten Kräften von Zoroaster, den Ahuras und Fravashis und den guten Kräften der Tolteken, dem Heer von Quetzalcoatl. Die guten, positiven Kräfte zu stärken wurde als Aufgabe des Menschen im Universum angesehen, so daß die bösen, negativen Kräfte überwältigt und von Erden verschwinden würden.

Der Lebensbaum der Essener stellt 14 positive Kräfte dar, sieben von ihnen himmlische oder kosmische Kräfte und sieben irdische Kräfte. Der Baum wurde mit sieben Wurzeln gemalt, die in die Erde wachsen und sieben Zweigen, die sich zum Himmel erheben. So symbolisierte der Baum die Beziehung des Menschen zu beidem, zu Erde und Kosmos. Der Mensch wurde ins Zentrum gemalt, in der Mitte zwischen Himmel und Erde.

Die Verwendung der Zahl sieben ist ein wesentlicher Teil der Essener Tradition und wurde auch in wesentlichen Kulturen auf verschiedene äußerliche Weise übernommen, wie in den sieben Tagen der Woche. Jede Wurzel und jeder Zweig des

Baumes stellt eine andere Kraft oder Macht dar. Die sieben Wurzeln stellen die irdischen Kräfte oder Mächte dar, die Mutter Erde, den Engel des Bodens, den Engel des Lebens, den Engel der Freude, den Engel der Sonne, den Engel des Wassers und den Engel der Luft. Die sieben Zweige stellen die kosmischen Kräfte dar, den Himmlischen Vater und seine Engel des Ewigen Lebens, der schöpferischen Arbeit, des Friedens, der Kraft, der Liebe und der Weisheit. Das waren die Engel der Essener der sichtbaren und unsichtbaren Welten.

In der alten hebräischen und mittelalterlichen Literatur wurden diesen himmlischen und irdischen Kräften oder Engel Namen gegeben, Michael, Gabriel usw. Und sie werden in religiöser Art als menschliche Figuren dargestellt mit Flügeln und in wehenden Gewändern gekleidet, so wie sie in den Fresken von Michelangelo zu sehen sind.

Der Mensch wurde im Mittelpunkt des Baumes gesehen, wo er wie in einem magnetischen Feld von all den Kräften oder Engeln des Himmels und der Erde umgeben war. Er war im Meditationssitz dargestellt, die obere Hälfte seines Körpers über der Erde und die untere Hälfte in der Erde. Das zeigte an, daß ein Teil des Menschen mit den Kräften des Himmels und ein Teil mit den Kräften der Erde verbunden ist. Diese Vorstellung steht jener des Zoroaster sehr nahe, der das Weltall als Rahmen von Welten darstellte, mit dem Menschen in ihrer Mitte und den verschiedenen Kräften ober- und unterhalb von ihm. Sie entspricht den Ritualen der Tolteken, welche sie an den Stufen ihrer Pyramiden veranstalteten, mit dem Menschen inmitten aller Kräfte.

Diese Stellung des Menschen im Mittelpunkt des Baumes mit den irdischen Kräften unten und den himmlischen Kräften oberhalb, stimmt auch mit der Lage der Organe in seinem physischen Körper überein. Der Magen und die Zeugungsorgane in der unteren Hälfte des Körpers, als Werkzeuge zur Selbsterhaltung und Fortpflanzung, gehören zu den irdischen Kräften. Die Lungen und das Gehirn, in der oberen Hälfte des Körpers, sind die Werkzeuge des Atmens und Denkens und verbinden so den Menschen mit den feinstofflichen Kräften des Weltalls. Der Kontakt mit den Kräften der Engel, so wie sie im Lebensbaum dargestellt wurden, war der wirkliche Kern im täglichen Leben der Essener. Sie wußten, welche bewußten Anstrengungen sie machen mußten, um mit ihnen in Berührung zu kommen, damit sie mit ihnen in Harmonie leben konnten. Die alten Schriftgelehrten sprechen von den Essenern als außergewöhnlich praktische Leute. Ihre Vorstellungen waren nicht nur Theorie; sie wußten ganz genau darüber Bescheid, wie ihnen die Kräfte ständig bewußt blieben und wie sie sich ihre Macht aneignen konnten, um sie in ihren Handlungen im täglichen Leben anzuwenden.

Sie hatten die tiefe Weisheit erlangt, mit der sie verstanden, daß diese Kräfte die Quelle von Energie, Wissen und Harmonie waren, durch die der Mensch seinen Organismus in ein immer empfindsameres Werkzeug verwandeln konnte, um die Kräfte zu empfangen und bewußt zu nutzen. Darüberhinaus zogen sie in Betracht, daß des Menschen allerwichtigste Tätigkeit im Leben darin bestand, sich selbst in Einklang mit den Kräften des Himmlischen Vaters und der Mutter Erde zu bringen.

Die Besonderheiten und Eigenschaften jeder einzelnen Kraft war ihnen genauestens bekannt, auch die Bedeutung, die sie für das Leben des einzelnen Menschen hatten und wie sie zu nutzen waren.

Sie verstanden auch die Beziehungen der Kräfte untereinander. So erkannten sie, daß jede himmlische Kraft einer irdischen entspricht und jede irdische Kraft einer himmlischen Macht. Diese entsprechenden himmlischen und irdischen Kräfte waren auf dem Lebensbaum der Essener diagonal gegenüber gesetzt, jeweils eine oberhalb und eine unterhalb des Menschen. Jede so gezogene Verbindungslinie zwischen zwei entsprechenden Kräften durchquerte daher direkt den Menschen im Mittelpunkt des Baumes.

Die Kräfte, die sich jeweils ober- und unterhalb entsprechen, sind die folgenden:
Der Himmlische Vater und die Mutter Erde;
der Engel des Ewigen Lebens und der Engel des Bodens;

der Engel der schöpferischen Arbeit und der Engel des Lebens;
der Engel des Friedens und der Engel der Freude;
der Engel der Kraft und der Engel der Sonne;
der Engel der Liebe und der Engel des Wassers;
der Engel der Weisheit und der Engel der Luft.
Diese Wechselbeziehung zeigten den Essenern, daß ein Mensch zugleich in Berührung mit einer bestimmten himmlischen Macht kommt, wenn er mit einer irdischen Kraft Kontakt aufnimmt. Das erlaubte ihnen zu verstehen, warum es so wichtig ist, in vollkommener Harmonie mit jeder einzelnen Kraft und zugleich allen Kräften und Engeln zu leben, und zwar sowohl in den sichtbaren Welten als auch in den unsichtbaren.

Der symbolische Lebensbaum verdeutlichte dem Menschen wie unzertrennbar er mit allen Kräften verbunden war, den kosmischen und den irdischen, und er zeigte ihm seine Beziehung zu jeder einzelnen Kraft.

*Ich bin Dir dankbar, o Himmlischer Vater,
denn Du hast mich zu Ewigem Lichte erleuchtet
und ich darf wandeln durch die Wunder der Ebene.
Du gabst mir Führung
um Deine ewige Gemeinschaft zu erlangen
aus den Tiefen der Erde.*

*Du hast meinen Körper gereinigt
um zum Heer der Engel der Erde zu gelangen
und meinem Geist geholfen,
die Gemeinde der himmlischen Engel zu erreichen.
Du gabst dem Menschen die Ewigkeit
um Deine Werke und Wunder
in fröhlichem Gesang
zur Morgen- und Abenddämmerung zu preisen.*

aus den „Danksagepsalmen"
der Schriftrollen vom Toten Meer,
VI (iii 19-36)

Kapitel 4

Die Kommunionen

I – IHRE ABSICHT UND BEDEUTUNG

Der symbolische Lebensbaum ermöglichte den Essenern zu erkennen, wie sie von den Kräften oder Engeln umgeben waren, der sichtbaren Welt der Natur und der unsichtbaren kosmischen Welt. Die Kommunionen zeigen, wie jede dieser Kräfte für den menschlichen Körper und sein Bewußtsein genutzt werden kann.
Von den Kommunionen wird gesagt, sie seien entstanden durch Esnoch, oder Enoch und wiederhervorgebracht von Moses als er vom Berg Sinai mit 2 Steintafeln zu Esrael, den Auserwählten des Volkes, herunterkam. Das zweite paar Tafeln, die er herunterbrachte, enthielt die 10 Gebote, die äußere Lehre, die er dem Rest des Volkes Israel gab. Aber die kleine Minderheit Esrael oder Essener hielten ihre Kommunionen von dieser Zeit an morgens und abends zu den irdischen und himmlischen Kräften und gaben ihrem Leben Ordnung und Rhythmus entsprechend den Eingebungen, die sie von ihnen erhielten.
Die Kommunionen haben drei unmittelbare Ziele:
Das erste Ziel ist, den Menschen bewußt für die verschiedenen Kräfte und Formen von Energien zu machen, die ihn umgeben und von der Natur und dem Kosmos ständig zu ihm fließen.
Das zweite Ziel ist, ihn für die Organe und Zentren seines Wesens, die den Fluß dieser Energien aufnehmen können, bewußt machen.
Das dritte Ziel ist, eine Verbindung zwischen den Organen und Zentren und ihren entsprechenden Kräften herzustellen

um jeden Energiefluß aufzunehmen, zu lenken und zu nutzen.

Die Essener wußten, daß jeder Mensch über verschiedene körperliche Ordnungen verfügt, mit denen er die verschiedenen Energien aus der Nahrung, der Luft, dem Wasser, den Sonnenstrahlen und so weiter aufnehmen kann; und sie wußten auch, daß jeder einzelne diese Kräfte durch seine eigenen bewußten Bemühungen selbst lenken und nutzen muß und daß kein anderer das für ihn tun konnte.

Die Kommunionen wurden jeden Morgen und Abend durchgeführt; an jedem Tag der Woche wurde über eine andere irdische Kraft am Morgen beim Aufstehen und eine andere himmlische Kraft am Abend vor dem Einschlafen meditiert. Das sind insgesamt vierzehn Kommunionen während der sieben Wochentage.

Bei jeder Kommunion haben sich die Essener auf die entsprechende Kraft konzentriert, über sie kontempliert und meditiert, so daß ihre Macht in jeder erforderlichen Stärke aufgenommen und bewußt genutzt werden konnte.

Es folgt nun eine Erläuterung davon, was bei jeder Kommunion beabsichtigt wurde:

DIE MORGEN-KOMMUNIONEN

Die Mutter Erde — Samstagmorgen
Die Absicht dieser Kommunion bestand darin, die Einheit zwischen dem körperlichen Organismus des Menschen und den ernährenden Kräften der Erde herzustellen.

Das wurde erreicht durch Kontemplation der verschiedenen Nahrungsbestandteile und in der Erkenntnis, daß der Körper aus den verschiedenen Elementen der Erde gebildet wird und durch diese Elemente über das Leben der Pflanzen ernährt wird. Dies lehrt die Bedeutung und Wichtigkeit der natürlichen Nahrungsmittel der Erde, die von der Mutter Erde im Einklang mit den Gesetzen, die das irdische Leben bestimmen, bereitgestellt werden. Dadurch lernt der Mensch die hervorragende Rolle der natürlichen Ernährung für seine Gesund-

heit und Lebenskraft kennen und wird sich des Stoffwechselablaufs in ihm bewußt. Er lernt darüberhinaus, wie er die mächtigen Energien in seinem Körper erhalten kann. So entwickelt er stufenweise die Fähigkeit, sich all die Nährstoffe, die er ißt, aufzunehmen und auch die darin enthaltenen Energien. So ist er fähig, mehr Nährwert aus einer gegebenen Menge Nahrung herauszuziehen.
Diese Kommunion war eines der hauptsächlichen Werkzeuge, durch die sich die Essener eine so bemerkenswerte körperliche Gesundheit erhalten konnten.

Der Engel des Bodens — Sonntagmorgen
Der Engel des Bodens, ein Engel der Mutter Erde, war die Macht der Zeugung und Erneuerung. Eine bedeutende Vorstellung der Essener, ähnlich der des Zoroasters, war das Bestreben immer mehr Leben in Fülle zu erzeugen. Die Absicht dieser Kommunion lag darin, die erschaffenden Kräfte des Lebens in die Erneuerung des menschlichen Körpers zu übertragen. Sie stellten sich diese Kraft im Menschen als dieselben natürlichen Kräfte vor, wie die zeugenden Kräfte der Natur in der obersten Erdschicht, die das pflanzliche Leben auf der Erde erschaffen.
Diese Kommunion bezieht sich deshalb auch auf die Erdoberfläche, wo die Dinge keimen und auf die Kraft der Fruchtbarkeit und auf die Geschlechtsdrüsen und -organe. Sie lehrte die Bedeutung der lebenserzeugenden Kraft der Erde und der erneuernden Kräfte der Sexualenergie im Drüsensystem. Sie machte dem Menschen die lebenserneuernden Kräfte seiner Umwelt bewußt und machte ihn dadurch empfänglicher, diese starke Kraft in Anspruch zu nehmen, sie zu beherrschen, zu lenken und zu nutzen.
Die außerordentliche Fähigkeit der Essener sich selbst zu regenerieren beruhte vor allem darin, wie sie durch die Ausübung dieser Kommunion sexuelle Energien umwandeln konnten.

Der Engel des Lebens — Montagmorgen
Diese Kommunion war dem Leben gewidmet, der Gesundheit und der Lebenskraft des Organismus des Menschen und des ganzen Planeten und führte so zu einer lebendigen Einheit zwischen

ihnen. Sie lehrte dem Menschen die Bedeutung der Lebenskraft für sein Wohlbefinden und machte ihm all die unzähligen Wirkungen der Lebenskraft in seiner Umgebung bewußt; und so befähigte sie ihn, diese Lebenskraft an jeden Teil seines Körpers in der gewünschten Stärke zu lenken.

Sie gab den Essenern ihre bewundernswerte Fähigkeit, Lebenskraft zu schöpfen, besonders aus Bäumen und Wäldern.

Der Engel der Freude – Dienstagmorgen
Alle Ausdrucksformen der Schönheit wurden in dieser Kommunion betrachtet, um dem Menschen die Schönheit der Natur und der Freude in ihm selbst in jedem Teil seines Selbst bewußt zu machen.

Diese Fähigkeit, Freude aus der Schönheit der Natur zu schöpfen, aus dem Sonnenaufgang, dem Sonnenuntergang, den Bergen, Blumen, Farben, Gerüchen und anderem, war eines der Mittel, womit die Essener die innere Harmonie und heitere Ruhe erlangten, die ihre Mitmenschen so sehr beeindruckten.

Der Engel der Sonne – Mittwochmorgen
Die Essener meditierten über die Sonne als eine große Lebenskraft in der irdischen Natur, einer immer gegenwärtigen Energiequelle, ohne die es kein Leben auf der Erde, im Wasser und in der Luft gäbe. Sie meditierten über die Wirkung der Sonnenstrahlen, die ja nicht auf der Oberfläche des Körpers enden, sondern in den Organismus eindringen an dem Punkt, wo das Sonnengeflecht liegt, indem sie den Körper und das Nervensystem in den Strahlen der Sonne badeten. Und dieser Punkt ist auch das älteste Zentrum im menschlichen Organismus.

Die Absicht dieser Kommunion lag darin, die Sonnenenergien aufnehmen zu können, und so eine vollkommene Einheit zwischen dem Selbst und der Sonne herzustellen und ihre Kraft auf den ganzen Körper zu verteilen.

Durch die Anwendung dieser Methode der Essener wurden häufig gewisse außergewöhnliche Fälle geheilt in einer Weise, wie sie den frühen Geschichtsschreibern übernatürlich erschien.

Der Engel des Wassers — Donnerstagmorgen

Die Essener sahen den Kreislauf des Wassers in der Natur im Zusammenhang mit dem Blutkreislauf im Körper. Sie wußten, daß alle Organismen, genauso wie ihre Nahrung überwiegend aus Wasser bestand, das auch für das Leben der Erde so wichtig ist. Die Vollkommenheit des Organismus hängt von der Qualität des Blutes ab, auf die gleiche Weise, wie die Vollkommenheit der materiellen Umwelt von der verfügbaren Wasserqualität abhängt.

In dieser Kommunion wurden alle Formen des Wassers betrachtet, die Flüsse, Bäche, der Regen, der Saft in den Bäumen und Pflanzen, usw, um als lebendige Wirklichkeit die Einheit zwischen den Flüssigkeiten des Körpers und den Gewässern des Planeten aufzubauen, wodurch die Fähigkeit erworben wurde, willentlich den Blutstrom an jeden Körperteil zu lenken oder ihn abzuziehen.

Diese Kraft befähigte die Essener viele Krankheitsfälle zu heilen, bei denen sonst nur lange und mühevolle Behandlungen halfen. Dies war einer der Ursachen für die vollständige Selbstkontrolle der Essener und ihre unglaubliche Widerstandskraft gegen Schmerzen.

Der Engel der Luft — Freitagmorgen

Die Absicht dieser Kommunion bestand darin, dem Menschen die dynamische Einheit zwischen Luft und Leben bewußt zu machen; denn die Atmung ist das Bindeglied zwischen Organismus und Kosmos. Da wo es Leben gibt ist Atem, und das Verschwinden des einen bedingt auch das Ende des anderen. Die Atmosphäre umgibt die Natur, und die Luft fließt im Körper, und beide haben so eine erstaunliche Rolle in Gesundheit und Lebenskraft.

Diese Kommunion wurde durch gewisse tiefe, rhythmische Atemübungen ergänzt. Sie ermöglichten den Essenern besondere Energien aus der Atmosphäre zu absorbieren und so eine Wechselbeziehung zwischen dem Selbst und dem Universum herzustellen.

Diese Kommunionen mit der Mutter Erde und ihren Engeln waren die Quelle aus der die Essener ihre besondere Lebensweise ableiteten — ihre Ernährung, die Kaltwasserwaschungen, die Sonnenbäder und das Atmen usw. so wie es von ihren Zeitgenossen Josephus, Philo und Plinius mit großer Bewunderung beschrieben wurde.

DIE ABENDKOMMUNIONEN

So wie die sieben Morgen der Woche den Kräften der sichtbaren Welt gewidmet waren, so wurden die sieben Abende den Kräften der unsichtbaren Reiche, den Engeln des Himmlischen Vaters gewidmet.

Der Himmlische Vater — Freitagabend
Diese Kommunion mit dem Himmlischen Vater, dem Schöpfer des Lichts, dem Ahura Mazda des Zoroaster, war die zentrale Kommunion bei den Essenern. Sie war der Gesamtheit aller kosmischen Gesetze und der Erkenntnis gewidmet, daß das Weltall ein Prozeß dauernder Schöpfung ist, in dem der Mensch die Rolle hat, die Arbeit des Schöpfers auf der Erde fortzusetzen.
Die Absicht dieser Kommunion soll den Menschen lehren, wie wichtig die Vereinigung mit dem ewigen und ungebundenen kosmischen Meer für alle höheren Schwingungen aller Planeten ist. Sie soll ihn für all diese Kräfte empfänglich machen, so daß er kosmisches Bewußtsein erlangen kann und sich auf diese Weise mit den kosmischen Strömungen verbindet. Dadurch kann er die schöpferischen Fähigkeiten in sich zum Höchsten entwickeln und die schöpferische Quelle in seinem Leben und seiner Umgebung verwenden.
Die Essener wußten, daß der Mensch nur auf diese Weise sein letztes Ziel erreichen kann, die Vereinigung mit dem Himmlischen Vater, das letztliche Streben aller Essener und der tiefere Sinn, der ihre Handlungen, Gefühle und Gedanken regierte.

Der Engel des Ewigen Lebens — Samstagabend
Die Essener nahmen an, daß der Zweck des Weltalls nur im

ewigen Leben liegen konnte, in der Unsterblichkeit; diese kann vom Menschen erlangt werden, wenn er fortschreitend die Voraussetzungen dafür schafft, daß seine eigene Entwicklung eine ständig höhere Stufe erklimmen kann. Sie waren überzeugt davon, daß es für diesen Fortschritt keine Grenzen gäbe, da der Kosmos eine unerschöpfliche Quelle von Energien ist, die dem Menschen zur Verfügung stehen, wenn er seine Wahrnehmungsorgane und -zentren vervollkommnet.

Durch diese Kommunionen kann der Mensch ein intuitives Wissen über die Ewigkeit des Lebens im Universum erwecken und seine eigene Einheit mit diesem ewigen Leben und der ganzen kosmischen Ordnung verwirklichen. Durch sie erlernt er die Bedeutung, die Schwerkraft der irdischen Gedankenströmungen zu überwinden und sich der Aktivität höherer Schwingungen und ihrer Rolle für die Entwicklung des Einzelnen und der Planeten bewußt zu werden.

Die Überwindung dieser Schwerkraft und Aufnahme und Verwendung der höheren Schwingungen dieses und aller anderen Planeten war die höchste mystische Errungenschaft der Essener.

Der Engel der schöpferischen Arbeit – Sonntagabend
Diese Kommunion war all den großartigen Dingen gewidmet, die durch menschliche Arbeit geschaffen wurden, die großen Meisterwerke der Literatur, Kunst, Wissenschaft, Geisteswissenschaft – und alles was der Mensch über die Natur hinaus entwickelt hatte, die großen Werke, die von den vorausgegangenen Generationen hervorgebracht und von den heutigen geerbt wurden.

Die Bestimmung dieser Kommunion lag darin, die Bedeutung schöpferischer Arbeit und ihre überragende Rolle in der Entwicklung des Einzelnen zu lehren. Sie beabsichtigte auch, ihm die Aufnahme der Energien und Kräfte aus den schöpferischen Werken der Menschheit, allen Meisterwerken, zu ermöglichen und diese Kräfte in allen Ausdrucksformen seines Bewußtseins zu nutzen.

In den Essener Bruderschaften führte jeder irgendeine schöpferische Arbeit aus, ob nun für die eigene Verbesserung, für die

Bruderschaft oder der Menschheit. Für die Essener war die schöpferische Arbeit der beste Ausdruck der Liebe.

Der Engel des Friedens — Montagabend
Die Kommunion mit dem Engel des Friedens war dem tiefen inneren Erkennen des Friedens im Menschen und mit dem ganzen Universum gewidmet. In der Vorstellung der Essener ist Friede einer der höchsten erreichbaren Werte für den Menschen und solange er die wahre Bedeutung dessen nicht erkennt, kann er nicht spirituell sein, und ohne Spiritualität kann sein Leben keine Bedeutung haben. So lag des Menschen unmittelbarste Aufgabe darin, Friede in sich und mit allem Leben zu schließen und in der Erkenntnis, daß die Friedensarbeit zuerst in ihm selbst anfängt.

Die Essener nutzten alle Quellen des Friedens im Universum und ließen sie in die Welt fließen. Der allumfassende Gruß „Friede sei mit Dir" ist ein Ausdruck davon.

Der Engel der Kraft — Dienstagabend
Die Essener hielten das ganze Weltall für ein kosmisches Meer des Lebens, in dem die Strömungen kosmischer Kräfte ununterbrochen alle Formen des Lebens auf allen Planeten vereinigen und ihn mit allen anderen Lebewesen verbinden.

Die Kommunion machte diese kosmischen Kräfte bewußt, die ihn umgeben und in ihm sind. Indem er ihr Wirken wahrnimmt, kann er sie durch sein Nervensystem aufnehmen und sie in jedem Bereich seines Lebens nutzen.

Die Essener waren in bemerkenswertem Maße dazu fähig, diese Strömungen aufzunehmen und entsprechend zu verwerten.

Der Engel der Liebe — Mittwochabend
Liebe war für die Essener das höchste schöpferische Gefühl und für sie gab es ein kosmisches Meer der Liebe, das überall alle Formen des Lebens vereinte. Leben selbst war für sie ein Ausdruck der Liebe.

Der Zweck dieser Kommunion besteht darin, dem Menschen die Wichtigkeit und Bedeutung dieser höheren Gefühlsströmungen in sich selbst und im Universum zu lehren. Sie will ihn dieser Strömungen bewußt und aufnahmefähig machen, als einer mächtigen Energiequelle und Kraft, die er konzentrieren und in alle Ausdrucksformen seines Bewußtseins lenken kann.

In der Vorstellung der Essener verletzte der Einzelne sich selbst, wenn er irgendeine Form des Lebens außerhalb von sich selbst verletzte, denn zwischen allen Lebewesen besteht eine lebendige Verbindung im kosmischen Ozean der Liebe. Die Essener selbst waren fähig, starke Liebesgefühle allen Menschen gegenüber auszudrücken, nahe und fern, und zu allen Lebewesen auf Erden und im unendlichen Weltall auszustrahlen.

Diese Liebe, die sie fühlten, war der Kern ihres Zusammenlebens in Bruder-Gemeinschaften; das veranlaßte sie, all ihren Nahrungsüberschuß an Bedürftige zu verteilen und hinauszugehen, den Unwissenden zu lehren und die Kranken zu heilen. Sie drückten ihre Liebe in Taten aus.

Diese Fähigkeit, höhere Gefühlsschwingungen anzuziehen und weiterzuschicken, war eine ihrer großen mystischen Errungenschaften.

Der Engel der Weisheit — Donnerstagabend
Denken wurde von den Essenern sowohl für eine kosmische als auch für eine Gehirnfunktion gehalten. Sie nahmen an, daß ein kosmisches Gedankenmeer das gesamte Weltall durchdringt, das alle Gedanken enthält. Und dieses war die mächtigste aller kosmischen Energien, unzerstörbar und unvergänglich.

Indem sich der Mensch auf alle im Weltall fließenden Gedanken und auf die Gedanken der großen Denker der Vergangenheit durch die Kommunionen mit dem Engel der Weisheit einstimmt, entwickelt er seine Fähigkeit, machtvolle harmonische Gedankenströmungen zu schaffen und intuitives Wissen und Weisheit zu erlangen.

Mit der Durchführung dieser Kommunion erlangten die Essener ihre große Fähigkeit, machtvolle Gedankenströmungen zu senden und zu empfangen.

Diese Kommunion mit dem Engel der Weisheit vollendet die vierzehn Kommunionen der Essener. Die Morgenkommunionen gelten der Lebenskraft des Körpers. Ihre sich steigernde

Wirkung liegt in der langsam zunehmenden Stärkung und Wiederbelebung jedes Körperorgans durch die bewußte Beherrschung und Bestimmung der irdischen Kräfte.

Die sieben Abendkommunionen sind den spirituellen Kräften gewidmet, die des Menschen höhere Entwicklung bestimmen. Ihre sich steigernde Wirkung liegt in der Wiederbelebung des Geistes und all der höheren Kräfte, die im einzelnen verborgen liegen. Sie ermöglichen ihm, alle höheren Meere der Liebe, des Lebens und der Gedanken zu empfangen, sich mit ihnen einzustimmen und so stufenweise alle höheren Fähigkeiten seines Wesens zu entwickeln.

Jede dieser vierzehn Kommunionen stellt ein gewisses Gleichgewicht zwischen dem ausführenden Menschen und dem Engel oder der Kraft her, mit der die Kommunion gehalten wird.

DIE MITTAGSBETRACHTUNGEN

Eine dritte Gruppe von Übungen wurde mittags jeden Tag der Woche abgehalten. Dies waren Betrachtungen, Anrufungen des Himmlischen Vaters, daß er seinen Engel des Friedens sende um die verschiedenen Bereiche des menschlichen Lebens zu harmonisieren. Der Friede war den Essenern so wichtig, daß sie eine besondere Lehre dafür hatten, die sie den siebenfältigen Frieden nannten.

Die Ausübung der vierzehn Kommunionen vermittelt eine innere Erfahrung und Erweiterung des Bewußtseins und das ermöglicht dem Einzelnen, bewußt die unsichtbaren Kräfte der Natur und des Kosmos aufzunehmen. Der siebenfältige Frieden zeigt die praktische Anwendung dieses erweiterten Bewußtseins im täglichen Leben des Einzelnen in seiner Beziehung zu den verschiedenen Lebensbereichen.

Diese Friedensbetrachtungen wurden in der folgenden Ordnung geübt:

Freitagmittag – Friede mit dem Körper.
Donnerstagmittag – Friede mit dem Geist.
Mittwochmittag – Friede mit der Familie.

Dienstagmittag – Friede mit der Menschheit.
Montagmittag – Friede mit der Kultur.
Sonntagmittag – Friede mit der Mutter Erde.
Samstagmittag – Friede mit dem Himmlischen Vater.

Eine Erläuterung dieser sieben Bereiche im menschlichen Leben erfolgt im anschließenden Kapitel.
Jeden siebten Tag, den Sabbath, widmeten die Essener einer der Seiten des Friedens, und außer den Betrachtungen des Einzelnen wurden noch Zusammenkünfte der Gemeinschaft abgehalten. Bei diesen Zusammenkünften ging es darum, sich auf die praktische gemeinschaftliche Anwendung des jeweiligen Friedens zu besinnen, auf den man sich an diesem Sabbath konzentrierte.

DER GROSSE SABBATH

Jeder siebte Sabbath wurde der Große Sabbath genannt. Er war dem Frieden mit dem Himmlischen Vater gewidmet. Dies war der allesdurchdringende Friede, der alle anderen Seiten des Friedens beinhaltete. So wurde jedem Abschnitt des menschlichen Lebens Beachtung gegeben, einem nach dem anderen.
Das war die Struktur der Kommunionen mit den kosmischen und natürlichen Kräften und die Betrachtungen mit den verschiedenen Seiten des Friedens zeigte den Essenern, wo sie ihre Kräfte in die Wirklichkeit ihres eigenen Lebens übertragen konnten. Vergleichbares finden wir in keinem anderen Weltbild. Es birgt in sich die Weisheit von achttausend Jahren. Es ist nicht nur einfach eine äußerliche Form oder ein Ritual; es ist eine lebendige, unmittelbar erkennbare Erfahrung. Dies kann die Einheit der Menschheit bewirken.
Die Essener praktizierten diese Kommunionen und Betrachtungen vor mehr als zweitausend Jahren, und heutzutage können wir das ebenso tun.

*Ich werde Deine Worte preisen
mit Gesängen des Dankes
unaufhörlich,
in jeder Periode des Tagesablaufs
und an festen Zeiten.
Mit dem Erscheinen des Lichts aus seiner Quelle
und zur Abenddämmerung und dem Erlöschen des Lichtes,
mit dem Ausgang der Dunkelheit
und dem Hereinbrechen des Tages.
Beständig,
zu allen Zeiten, in allen Generationen.*

Aus den „Danksagepsalmen"
der Schriftrollen vom Toten Meer
XVII (xii 4-12)

Kapitel 5

Die Kommunionen

II – IHRE PRAKTISCHE AUSÜBUNG

Bruchstückhafte Berichte alter Traditionen, die uns übermittelt wurden, zeigen, daß der Mensch über lange Zeiträume hinweg langsam in seinem Wesen einen bestimmten Empfangsapparat entwickelt hat, mit dessen Hilfe er fähig wurde, die Kräfte, die in ihm und außerhalb von ihm fließen, aufzunehmen und sie bewußt als Quelle von Energie, Harmonie und Wissen nutzbar zu machen.
Die Essener sahen die Entwicklung dieser Wahrnehmungszentren als wesentlichen Teil der Entwicklung des Einzelnen an. Sie hielten die planmäßige und tägliche Übung einer richtigen Methode für erforderlich, um sich zu entwickeln.
Der erste Teil ihrer Kommunionen lehrte den Sinn und die Absicht von jeder der vierzehn irdischen und kosmischen Kräfte. Der zweite Teil bestand in der eigentlichen Übung oder Technik durch die dieser 'Apparat' entwickelt werden konnte.
Durch diese Übung können die feineren Zentren des Körpers geöffnet werden und der Zugang wird frei zur allumfassenden Schatzkammer kosmischer Kräfte. Die Absicht dieser Übung lag darin, die Organe des leiblichen Körpers mit allen heilenden Strömungen der Erde und des Kosmos in Harmonie zu bringen, so daß sie für die Entwicklung des Einzelnen und des Planeten genutzt werden können.
Viele früheren Völker hatten eine ähnliche Technik. Die Sumerer, die Perser zur Zeit Zorasters und die Hindus in ihren Yoga-

Systemen, von denen nur neun die ursprünglich vierzehn überdauerten. Alle diese Techniken waren zum gleichen Zweck gedacht.

Die Technik, die die Essener durch mündliche Überlieferung von einer Generation zur anderen über Tausende von Jahren weiterreichten, wurde dem Neophyten (dem Neugetauften) in ihrer Bruderschaft nur nach Vollendung einer Probezeit von sieben Jahren erst vollständig übermittelt. Dann mußte er den großen siebenfältigen Eid leisten, die Kommunionen niemandem ohne Erlaubnis zu offenbaren und das dadurch erlangte Wissen und die Macht nie für materielle oder selbstsüchtige Zwecke zu benutzen.

EINLEITUNG ZU DEN KOMMUNIONEN

Bevor sie die eigentlichen Worte einer Kommunion sprachen, wiederholten die Essener feierlich und ehrfurchtsvoll die folgende Einleitung:

„Ich betrete den Ewigen und Unendlichen Garten mit
Ehrfurcht vor dem Himmlischen Vater, der Mutter Erde
und den Großen Meistern, voll Ehrfurcht vor der heiligen reinen und rettenden Lehre, voll Ehrfurcht zur
Bruderschaft der Auserwählten."

Dann gedachte er ehrfurchtsvoll des Engels oder der Kraft, der er sich zuwenden wollte, indem er ihre Bedeutung und ihren Sinn in seinem eigenen Leben und Körper betrachtete, so wie es im ersten Teil der Kommunionen gelehrt wird.

Und dieser Einleitung folgend sprach er dann die eigentlichen Worte der Kommunion.

DIE MORGENKOMMUNIONEN

1

Um sich der Mutter Erde am Samstagmorgen zuzuwenden, spricht er:
"Die Mutter Erde und ich sind eins.
Sie gibt die Nahrung des Lebens meinem ganzen Körper."
Und wenn er die Worte gesprochen hat, dann kontempliert er die eßbaren Früchte, Körner und Pflanzen und fühlt die Strömungen der Mutter Erde, wie sie ihn durchfließen und seinen Stoffwechselprozeß im Körper verstärken und ausrichten.

2

Am Sonntagmorgen kommuniziert er mit dem Engel des Bodens und spricht:
"Engel des Erdbodens, sende Deine Kraft in meine Geschlechtsorgane und belebe meinen ganzen Körper neu."
Indem er so spricht, besinnt er sich auf die lebensschaffende Erde und das wachsende Gras und fühlt die Strömungen des Engels des Bodens, wie sie seine sexuelle Energie in wiederbelebende Kräfte verwandeln.

3

Am Montagmorgen wendet er sich dem Engel des Lebens mit den folgenden Worten zu:
"Engel des Lebens, ströme in meine Glieder und gib Kraft meinem ganzen Körper."
Danach besinnt er sich auf Bäume, indem er wahrnimmt, wie er die Lebenskräfte von Bäumen und Wäldern in sich aufnimmt.

4

Die Worte für die Dienstagmorgenkommunion mit dem Engel der Freude sind:
"Engel der Freude, komme herab auf die Erde und bringe Schönheit allen Geschöpfen."
Sodann fühlt er, wie er die Strömungen der Freude von der Schönheit der Natur in sich aufnimmt, indem er sich auf die

Farben des Sonnenaufgangs, des Sonnenuntergangs, dem Gesang eines Vogels oder dem Duft einer Blume besinnt.

5

Die Mittwochmorgenkommunion zum Engel der Sonne verwendete folgende Worte:

„Engel der Sonne, ströme in mein Sonnenzentrum und gib das Feuer des Lebens meinem ganzen Körper.".

Sobald diese Worte gesprochen sind, besinnt er sich auf die aufgehende Sonne und fühlt und leitet die angesammelten Sonnenkräfte, wie sie durch sein Sonnenzentrum im Sonnengeflecht (Solar Plexus) strahlen, an alle Stellen seines Körpers.

6

Die Donnerstagmorgenkommunion mit dem Engel des Wassers wird mit den Worten geführt:

„Engel des Wassers, geh ein in mein Blut und gib das Wasser des Lebens meinem ganzen Körper."

Indem er so spricht besinnt er sich auf die Gewässer der Erde, im Regen, Fluß, See, Meer oder irgendwo, und die Strömungen des Engels des Wassers werden wahrnehmbar, indem sie den Blutkreislauf verstärken und lenken.

7

Zur Kommunion am Freitagmorgen mit dem Engel der Luft spricht der Essener:

„Engel der Luft, geh ein in meine Lungen und gib die Luft des Lebens meinem ganzen Körper."

Der Ausführende besinnt sich auf die Atmosphäre wenn er diese Worte spricht und atmet rhythmisch ein und aus.

DIE ABENDKOMMUNIONEN

Es folgen die Worte der Abendkommunionen mit dem Himmlischen Vater und seinen Engeln.

1
Die Freitagabendkommunion mit dem Himmlischen Vater beginnt mit den Worten:
„Der Himmlische Vater und ich sind eins."
Diese Kommunion schafft mit der Zeit eine Verbindung mit dem ewigen und unbegrenzten Kosmischen Meer aller höheren Ausstrahlungen von allen Planeten, sobald das Kosmische Bewußtsein erwacht, und der Einzelne schließlich mit der Höchsten Kraft vereint ist.

2
Die Samstagabendkommunion mit dem Engel des Ewigen Lebens erklärt:
„Engel des Ewigen Lebens, sinke in mich herab und gib meinem Geist das ewige Leben."
Wenn diese Worte gesprochen sind, besinnt sich der Einzelne auf die Vereinigung mit den Gedankenströmungen höherer Planeten und gewinnt so die Kraft, um den Einflußbereich der Schwerkraft irdischer Gedankenströmungen zu überwinden.

3
Am Sonntagabend gibt die Kommunion mit dem Engel der schöpferischen Arbeit diese Anleitung:
„Engel der schöpferischen Arbeit, befruchte die Menschheit und gib allen Menschen in Fülle."
Die Kontemplation richtet sich auf Bienen bei der Arbeit und auf die schöpferische Arbeit der Menschheit in allen Bereichen ihres Lebens.

4
Die Kommunion am Montagabend mit dem Engel des Friedens wird mit diesen Worten durchgeführt:

> „Friede, Friede, Friede,
> Engel des Friedens, sei immer überall."

Der Einzelne besinnt sich nun auf den zunehmenden Mond und das Mondlicht, indem er den allumfassenden Frieden in allen Bereichen seines Daseins anruft und sichtbar macht.

5

Die Dienstagabendkommunion mit dem Engel der Kraft besagt:
> „Engel der Kraft, gehe ein in meinen handelnden Körper und leite alle meine Taten."

Indem er sich auf die Sterne besinnt, ihre Strahlen und auf das kosmische Meer des Lebens, fühlt der einzelne Mensch die Kosmischen Kräfte von seinem Nervensystem seines Bewegungskörpers aufgenommen.

6

Die Mittwochabendkommunion richtet sich an den Engel der Liebe. Diese Worte werden gesprochen:
> „Engel der Liebe, ströme in meinen Gefühlskörper und reinige alle meine Gefühle."

Während das gesagt wird, schickt der Gefühlskörper höhere Gefühlsströmungen zu allen Geschöpfen der Erde und all jenen im Kosmischen Meer der Liebe und zieht sie gleichzeitig an.

7

Der Donnerstagabend ist dem Engel der Weisheit gewidmet, der wie folgt angesprochen wird:
> „Engel der Weisheit, geh ein in meinen Gedankenkörper und erleuchte meine Gedanken."

Der Gedankenkörper sendet dann höhere Gedankenströmungen aus und zieht auch welche an, während der Einzelne sich auf alle Gedanken der Erde und im Kosmischen Meer der Gedanken besinnt.

Dieses sind die traditionellen Worte der Kommunionen mit der Mutter Erde und dem Himmlischen Vater und ihren Engeln. Die sich häufende Wirkung der regelmäßigen wöchentlichen Wiederholung jeder dieser Kommunionen ermöglichte dem

Essener, früher oder später, entsprechend seiner Aufnahmefähigkeit, seiner Ausdauer und Stufe seiner Entwicklung diese Energieströme in allen Ausdrucksformen seines Bewußtseins zu nutzen und sie für seine eigene höhere Evolution und der Evolution der Menschheit und des Planeten einzusetzen.

DIE MITTAGSBETRACHTUNGEN

Die Mittagsbetrachtungen waren jeden Tag einem anderen der sieben Bereiche des Friedens gewidmet und zum Himmlischen Vater gerichtet, mit der Bitte, den Engel des Friedens allen zu senden und außerdem jeweils einen bestimmten Engel um jede Seite des siebenfältigen Friedens zu stärken. Dies sind die Worte:

Freitagmittag (Friede mit dem Körper):
„Vater unser, der Du bist im Himmel
sende allen
Deinen Engel des Friedens;
und unserem Körper
den Engel des Lebens."

Donnerstagmittag (Friede mit dem Geist):
„Vater unser, der Du bist im Himmel,
sende allen
Deinen Engel des Friedens;
und unserem Geiste
den Engel der Kraft."

Mittwochmittag (Friede mit der Familie):
„Vater unser, der Du bist im Himmel,
sende allen
Deinen Engel des Friedens;
unserer Familie und Freunden
den Engel der Liebe."

Dienstagmittag (Friede mit der Menschheit):
„Vater unser, der Du bist im Himmel,
sende allen
Deinen Engel des Friedens;
und der Menschheit
den Engel der Arbeit."

Montagmittag (Friede mit der Kultur):
  „Vater unser, der Du bist im Himmel,
  sende allen
  Deinen Engel des Friedens;
  und unserem Wissen
  den Engel der Weisheit."

Sonntagmittag (Friede mit dem Reich der Mutter Erde):
  „Vater unser, der Du bist im Himmel,
  sende allen
  Deinen Engel des Friedens;
  und dem Reich der Mutter Erde
  den Engel der Freude."

Samstagmittag (Friede mit dem Reich des Himmlischen Vaters):
  „Vater unser, der Du bist im Himmel,
  sende allen
  Deinen Engel des Friedens;
  und Deinem Reich, Himmlischer Vater,
  Deinen Engel des Ewigen Lebens."

MORGEN-KOMMUNIONEN

		Kontemplation	*Kraft*
Samstag	Erdenmutter	Nahrung	Ernährung
Sonntag	Engel des Bodens	Humus, Wachstum	Sexualorgane
Montag	Engel des Lebens	Bäume	Vitalität Lebenskraft
Dienstag	Engel der Freude	Schönheit	Harmonie
Mittwoch	Engel der Sonne	Sonnenaufgang	Feuer des Lebens
Donnerstag	Engel des Wassers	Blut, Flüsse, etc.	Kreislauf
Freitag	Engel der Luft	Atem	Energie der Atmosphäre

**Die Kommunionen
mit den Kräften der sichtbaren Reiche**

MITTAGSKONTEMPLATIONEN

	Friede mit
Samstag	Königreich des Himmlischen Vaters
Sonntag	Königreich der Mutter Erde
Montag	Kultur
Dienstag	Menschheit (sozialer Friede)
Mittwoch	Familie (Gefühlskörper)
Donnerstag	Geist (Intellektueller Körper)
Freitag	Körper (Handelnder Körper)

Die Mittagskontemplationen für den Frieden

ABENDKOMMUNIONEN

	Kontemplation		*Kraft*
Samstag	Engel des Ewigen Lebens	Höchste Planeten	Überwindung der Schwerkraft
Sonntag	Engel der kreativen Arbeit	Bienen	Schöpferische Arbeit des Menschen
Montag	Engel des Friedens	Zunehmender Mond	Innerer Frieden
Dienstag	Engel der Kraft	Sterne, höhere Handlungen	Nervensystem Kosmisches Meer des Lebens
Mittwoch	Engel der Liebe	Höchste Gefühle	Emotionen, Kosm. Ozean der Liebe
Donnerstag	Engel der Weisheit	Höchste Gedanken	Gedankenkörper
Freitag	Himmlischer Vater	Kosmische Strömungen	Vereinigung mit dem Kosm. Ozean

**Die Kommunionen
mit den Kräften der unsichtbaren Reiche**

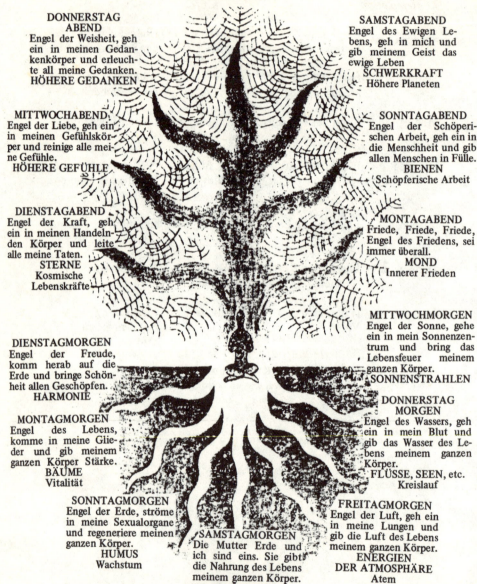

FREITABEND
Der Himmlische Vater
und ich sind EINS

DONNERSTAG
ABEND
Engel der Weisheit, geh ein in meinen Gedankenkörper und erleuchte all meine Gedanken.
HÖHERE GEDANKEN

SAMSTAGABEND
Engel des Ewigen Lebens, geh in mich und gib meinem Geist das ewige Leben
SCHWERKRAFT
Höhere Planeten

MITTWOCHABEND
Engel der Liebe, geh ein in meinen Gefühlskörper und reinige alle meine Gefühle.
HÖHERE GEFÜHLE

SONNTAGABEND
Engel der Schöperischen Arbeit, geh ein in die Menschheit und gib allen Menschen in Fülle.
BIENEN
Schöpferische Arbeit

DIENSTAGABEND
Engel der Kraft, geh ein in meinen Handelnden Körper und leite alle meine Taten.
STERNE
Kosmische Lebenskräfte

MONTAGABEND
Friede, Friede, Friede, Engel des Friedens, sei immer überall.
MOND
Innerer Frieden

MITTWOCHMORGEN
Engel der Sonne, gehe ein in mein Sonnenzentrum und bring das Lebensfeuer meinem ganzen Körper.
SONNENSTRAHLEN

DIENSTAGMORGEN
Engel der Freude, komm herab auf die Erde und bringe Schönheit allen Geschöpfen.
HARMONIE

DONNERSTAG
MORGEN
Engel des Wassers, geh ein in mein Blut und gib das Wasser des Lebens meinem ganzen Körper.
FLÜSSE, SEEN, etc.
Kreislauf

MONTAGMORGEN
Engel des Lebens, komme in meine Glieder und gib meinem ganzen Körper Stärke.
BÄUME
Vitalität

SONNTAGMORGEN
Engel der Erde, ströme in meine Sexualorgane und regeneriere meinen ganzen Körper.
HUMUS
Wachstum

SAMSTAGMORGEN
Die Mutter Erde und ich sind eins. Sie gibt die Nahrung des Lebens meinem ganzen Körper.
ERNÄHRUNG

FREITAGMORGEN
Engel der Luft, geh ein in meine Lungen und gib die Luft des Lebens meinem ganzen Körper.
ENERGIEN
DER ATMOSPHÄRE
Atem

DER LEBENSBAUM DER ESSENER
Mit den Morgen- und Abendkommunionen

*Doch Glaube
ist ein Führer über die klaffenden Schluchten
und die Ausdauer
ein fester Stand im schartigen Fels.
Jenseits der eisigen Gipfel des Ringens
liegt der Unendliche Garten der Weisheit
in Frieden und Schönheit,
wo der Sinn des Gesetzes
den Kindern des Lichts bekannt gemacht wird.
Hier im Mittelpunkt seiner Wälder
steht der Baum des Lebens,
Geheimnis aller Geheimnisse.
Wer Frieden gefunden hat
in den Lehren der Alten,
durch das Licht des Geistes,
durch das Licht der Natur
und durch das Studium des Heiligen Wortes,
hat die wolkenerfüllte Halle der Alten betreten,
wo die heilige Bruderschaft wohnt,
von der niemand sprechen darf.
Erkenne diesen Frieden mit deinem Geist,
ersehne diesen Frieden mit deinem Herzen,
vollziehe diesen Frieden mit deinem Körper.*

*Möge er dich mit allem Guten segnen
möge er dich von allem Übel befreien
und dein Herz mit dem Wissen des Lebens erleuchten
und dich mit ewiger Weisheit beschenken.
Und möge Er dir seinen siebenfältigen Segen geben
in ewigem Frieden.*

aus dem „Handbuch der Disziplinen"
der Schriftrollen vom Toten Meer

Kapitel 6

Der siebenfältige Frieden

Der siebenfältige Frieden der Essener war die Zusammenfassung ihrer inneren Lehre.
Ihr Lebensbaum und die Kommunionen lehrten den Menschen seine Beziehung zu den vierzehn Kräften der sichtbaren und unsichtbaren Welten. Der siebenfältige Friede erklärt seine Beziehung zu den Teilen seines Wesens und zum Mitmenschen und zeigte ihm, wie er Frieden und Harmonie in den sieben Bereichen seines Lebens schaffen kann.
Harmonie bedeutete den Essenern Friede.
Sie sahen das menschliche Leben in sieben Bereiche aufgeteilt: Physisch, psychisch, emotional, sozial, kulturell, in Beziehung zur Natur und in Beziehung zum gesamten Kosmos.
Vom Menschen nahm man an, daß er drei Körper habe, die jeweils in diesen Bereichen wirken, einen handelnden Körper, einen Gefühlskörper und einen Gedankenkörper. Die höchste Macht im Gedankenkörper ist Weisheit, die höchste Macht im Gefühlskörper ist Liebe. Die Aufgabe des handelnden Körpers liegt darin, die Weisheit des Gedankenkörpers und die Liebe des Gefühlskörpers in den sozialen und kulturellen Welten des Einzelnen in die Tat umzusetzen und in der Nutzbarmachung der irdischen und himmlischen Kräfte.

Der siebenfältige Friede erklärt den Gebrauch dieser Mächte und Kräfte in vollkommener Klarheit. Jeden Mittag wurde eine Friedensbetrachtung gehalten mit jeweils einem Aspekt des Friedens; und jeder Sabbath war gemeinsam einer Seite gewidmet, und der gesamte Kreislauf umfaßte so alle Abschnitte des menschlichen Lebens in einem Zeitabschnitt von sieben Wochen.

1 – Friede mit dem Körper

Das Wort, das die Essener in Aramäisch und Hebräisch für den physischen Körper gebrauchten, stellte die Körperfunktion dar: handeln, bewegen.
Darin unterschieden sie sich stark von anderen Vorstellungen. Die Griechen zum Beispiel verherrlichten den Körper wegen seiner ästhetischen Eigenschaften, seinen Proportionen und seiner Schönheit, und ein tieferer Sinn war ihnen nicht bewußt. Die Römer betrachteten den Körper lediglich als Werkzeug der Stärke und Kraft um Nationen zu erobern, um den römischen Adler in entfernte Länder zu pflanzen. Die mittelalterlichen Christen verachteten den Körper und sahen in ihm nur eine Quelle menschlichen Leidens, ein Hindernis zwischen Mensch und Gott.
Doch die Essener verfügten über ein viel tieferes Verständnis. Sie wußten, daß in dem physischen Körper alle Gesetze des Lebens und des Kosmos durch die Entwicklung in Hunderten und Tausenden von Jahren Gestalt gefunden haben. In ihm sahen sie den Schlüssel zum ganzen Universum.
Sie studierten ihn in Beziehung zur gesamten Rolle des Menschen im Weltall und ihre Vorstellung von dieser Rolle war umfassender als irgendeine andere, die jemals entwickelt wurde. So sahen sie drei Aufgaben für den Menschen:
1. seine individuelle Entwicklung;
2. seine Funktion für den Planeten auf dem er lebt;
3. seinen Zweck als Teil des Kosmos.
Der handelnde Körper trägt seinen Teil zu allen drei Rollen bei: Er ist ein göttliches Werk, vom Gesetz geschaffen und zum Nutzen des Schöpfers, in keiner Weise minderwertiger als andere Werkzeuge des Menschen noch gegenüber etwas anderem im Weltall. Der handelnde Körper steht dem Menschen für den bewußten Gebrauch der irdischen und spirituellen Energien zur Verfügung.

Die Essener wußten, daß der Mensch kein vereinzeltes Wesen im Weltall ist, sondern eines unter vielen auf Erden und auf anderen Planeten, von denen alle einen handelnden Körper haben, der sich so wie beim Menschen entwickelt. Alle diese aktiven Körper stehen deshalb miteinander in Verbindung und beeinflussen sich gegenseitig. Die Gesundheit und Lebenskraft jedes einzelnen Körpers ist darum von höchster Bedeutung, sowohl für ihn selbst als auch für die anderen Wesen auf Erden und den anderen Planeten.

Die täglichen Übungen der Essener waren aus dieser dynamischen, allseitigen Vorstellung vom physischen Körper als einem integralen Teil des ganzen Weltalls abgeleitet und führten zur außergewöhnlichen Gesundheit und Lebenskraft.

Jene, die ihrer Bruderschaft beitraten, wurden darin geübt, den handelnden Körper in allen drei Rollen zu vervollkommnen, und man lehrte sie, diesen Körper dem ständig wechselnden Kräftefeld, in dem sie lebten und sich bewegten, anzupassen.

Ihnen wurde gezeigt, welche Wirkungen die verschiedene Nahrung und die verschiedenen natürlichen Kräfte der Erde, Sonne, Luft und Wasser auf den Organismus haben. Es wurden ihnen bestimmte Rituale zur Übung auferlegt, die diese Kräfte nutzten, wie zum Beispiel tägliche Kaltwasserwaschungen am Morgen und das tägliche Sonnenbad. Durch praktische Erfahrungen lernten sie die belebende Kraft der Arbeit in Feld-, Obst-, und Gemüsegärten kennen.

Sie erfuhren, wie Krankheit durch Mißachtung des Gesetzes entsteht und wie Krankheiten zu heilen waren, die durch Mißachtungen entstanden. Sie lernten den Wert und die heilenden Kräfte verschiedener Kräuter und Pflanzen kennen, Luftheilung und Wasserheilung und die rechte Diät für jedes Leiden. Sie wurden in richtigem Atmen unterwiesen und in die Macht eingeweiht, die Gedanken über den Körper haben. Sie erlernten den materiellen und spirituellen Wert der Mäßigung in allen Dingen und wie man durch Fasten den Körper wiederbeleben, den Willen stärken und damit die spirituelle Kraft wachsen lassen konnte.

Diese Übungen gaben dem handelnden Körper Friede und

Harmonie. Aber übertriebene Wichtigkeit wurde ihm nie beigemessen. Die Beachtung und Sorgfalt galt allein, ihn in guter Gesundheit als Werkzeug benutzen zu können, um Taten der Weisheit und Liebe für die Mitmenschen durchzuführen. In dieser Weise nahm der handelnde Körper an der Entwicklung des Einzelnen, des Planeten und des ganzen Weltalls teil und ermöglichte dem Einzelnen so, Mitschöpfer an der Seite des Gesetzes und Gottes zu werden.
Dies war der erste Friede, wie er von den Essenern geübt wurde, der Friede mit dem Körper.

2 – Friede mit dem Geist

Der Kern der Lehre vom siebenfältigen Frieden konzentrierte sich auf den Frieden mit dem Geist, dem Bewußtsein, wie es die Essener beschrieben, als Schöpfer des Gedankens.
Die Essener sahen in Gedanken eine höhere Kraft, stärker noch als die Kraft des Fühlens oder Handelns, denn die Gedankenkraft ist der Auslöser von beidem.
Die Gesamtheit aller Gedanken des Einzelnen wurde als sein Gedankenkörper bezeichnet. Und die Gesamtheit aller Gedanken in all den Hunderten von Millionen mentaler Körper auf der Erdoberfläche war der Gedankenkörper der Erde. Und die Gesamtheit aller höheren Gedanken im Weltall war der kosmische Gedankenkörper, oder das Kosmische Gedankenmeer.
Die Essener sahen im Gedankenkörper des Einzelnen, wie schon in seinem handelnden Körper, drei Funktionen: eine individuelle, eine irdische und eine kosmische.
Seine individuelle Aufgabe liegt darin, die Gedankenkraft zu nutzen, um die Gefühlsströmungen des Gefühlskörpers des Menschen zu führen und die Handlungen seines physischen Körpers zu lenken. Der Gedankenkörper ist dazu fähig, denn er durchdringt den fühlenden und handelnden Körper durch und durch.
Die planetarische Aufgabe liegt darin, dem planetarischen Gedankenkörper edle und erhebende Gedanken zuzuführen. Die Gedanken eines Einzelnen bilden ein Kraftfeld um diesen,

vergleichbar dem Magnetfeld um einen magnetischen Pol. In diesem Kraftfeld sind die Gedanken des Individuums dauernd aktiv und werden ständig ausgesendet. Ebenso empfängt es die Gedankenströmungen vom planetarischen Gedankenkörper, da es ein Teil von diesem ist. So lebt, bewegt sich, denkt und fühlt und handelt jeder in dieser ihn umgebenden planetarischen Gedankenatmosphäre, an der er beständig mitwirkt. Und er ist verantwortlich für die Gedanken, die er beiträgt, für alle Gedanken, die er aussendet.

Die dritte Aufgabe des Gedankenkörpers, seine kosmische Aufgabe, ist nicht leicht zu erfüllen. Das kosmische Gedankenmeer, von dem die planetarische Gedankenatmosphäre um unsere Erde herum nur ein unendlich kleiner Teil ist, besteht aus allen Gedanken im Weltall und ist so hoch entwickelt, daß es von planetarischen Kräften befreit ist, die es an ihren jeweiligen Planeten binden möchten. Und nur diese höchsten Gedankenströme, die sich von der planetarischen Schwerkraft ihrer Atmosphäre befreit haben, können sich mit dem unendlichen kosmischen Gedankenmeer vereinen.

Dieses Kosmische Gedankenmeer stellt die Vollkommenheit des Gesetzes dar, seine Allmacht und Allgegenwart. Dieses Gesetz hat immer bestanden und wird immer bestehen. Es ist älter als irgendeiner der bestehenden Planeten im Sonnensystem, und noch älter als selbst das Sonnensystem, oder das galaktische oder ultragalaktische System. Ewig und unendlich führt es alle Schritte der kosmischen und planetarischen Entwicklung im unendlichen Kosmischen Meer des Lebens.

Die Kosmische Aufgabe des Gedankenkörpers des Einzelnen liegt darin, Gedanken von so hohem Wert zu schaffen, daß sie sich mit diesem Kosmischen Gedankenmeer verbinden können.

Die Essener hielten den Gedankenkörper für das höchste Gut das der Mensch vom Schöpfer bekommen hat. Denn dieses und nur dieses, gibt ihm die Fähigkeit, sich des Gesetzes bewußt zu werden, es zu verstehen, in Harmonie mit ihm zu arbeiten, seine Ausdrucksformen in seiner Umwelt zu erkennen, in ihm selbst, in jeder Zelle und jedem Molekül seines leiblichen Körpers, in allem was ist, und seine Allgegenwart und Allmacht wahrzunehmen. Und indem der Mensch sich dieses Gesetzes bewußt wird, es versteht, mit ihm in Harmonie handelt, wird er zum Mitschöpfer an Gottes Seite. Es gibt keinen größeren und höheren Wert im Weltall.

Mit dieser mächtigsten Gedankenkraft, dieser höchsten aller Werte und seinem Anspruch zum Edlen, verfügt der Mensch über die Fähigkeit und die Freiheit, das auszuführen, was er erstrebt, wenn es in Harmonie mit dem Gesetz ist, und so in ewiger Vollkommenheit mit dem Gesetz zu leben.

Denkt der Mensch in Harmonie mit dem Gesetz, so kann er heilen, was auch immer er durch Disharmonie in der Vergangenheit geschaffen hat; er kann seine denkenden, handelnden und fühlenden Körper beleben. Er kann alle Krankheiten seines leiblichen Körpers heilen und vollständige Harmonie in seiner Umgebung und in seiner Welt hervorrufen.

Doch sind die Gedankenströmungen im denkenden Körper nicht in Einklang mit dem Gesetz, so kann nichts anderes Harmonie in der Welt des Einzelnen hervorrufen.

Die Essener wußten, daß nur eine kleine Minderheit der Menschheit von dieser großen Möglichkeit des Gedankenkörpers Gebrauch macht. Sie wußten, daß die Mehrheit ihren Gedankenkörper ganz wahllos benutzten, ohne zu wissen, daß sie mit ihren Gedanken aufbauen oder zerstören können. Eine fast willkürliche Folge von Gedanken, Vorstellungen und Gedankenassoziationen wandert durch ihren Geist ohne bewußte Richtung. Und doch können diese umherziehenden Gedankenelemente mächtige Kräfte entwickeln, die den Gefühlskörper und handelnden Körper durchwandern und in jedes Atom und jede Zelle eindringen und jeden Teil von ihnen in Schwingung bringen. Und von diesen Schwingungen gehen Strahlungen aus, die entweder harmonisch oder disharmonisch sind entsprechend der Art des Gedankens.

Gelingt es dem Menschen nicht, sich des Gesetzes bewußt zu werden, so weicht er von ihm unbewußt ab, denn er ist von disharmonischen Kräftefeldern umgeben, die ihn zur Abweichung bewegen. Diese Abweichungen sind die Ursache für alle Unvollkommenheiten in der Welt, für alle Beschränkungen und alles

Negative in seinen Gedanken, Gefühlen und körperlichen Zuständen, in seiner Umgebung, in der Gesellschaft und auf dem gesamten Planeten. Jedesmal, wenn der Mensch niedere Gedanken schafft oder annimmt, so nimmt er eine niedere Kraft in seine Welt auf.

Diese niedere Kraft reagiert entsprechend der Stärke des Gedankens auf seinen fühlenden Körper, der wiederum auf seinen leiblichen Körper reagiert.

Und dieses Ungleichgewicht verursacht selbstauslösend weitere Abweichungen, weitere Disharmonien, weitere Krankheiten im Gefühlskörper und im physischen Körper. Und diese Disharmonien, diese Krankheiten, schaffen eine Atmosphäre der gestörten Harmonie um den Einzelnen herum, die wiederum das Denken, Fühlen und Handeln aller anderen beeinflußt, die sich des Gesetzes nicht bewußt sind und auch nicht wissen, wie sie sich dagegen schützen können um all diese niederen Gedanken nicht aufzunehmen, die durch die eine gedankliche Abweichung des Einzelnen entstanden waren. So löst jeder Einzelne, der einen niederen Gedanken, einen beschränkten, negativen oder disharmonischen Gedanken hat, eine Reaktionskette von Abweichungen aus, die sich auf dem ganzen Planeten und in der planetarischen Welt ausbreitet und sogar noch weiter Abweichungen und Beschränkungen, Negatives und gestörte Harmonie zur Folge hat.

Diese gestörte Harmonie ist ansteckend, so wie viele Krankheiten ansteckend sind. Aber die großen Essener-Meister lehrten den Menschen, wie er sich vor diesen disharmonischen Schwingungen schützen kann, gleich bei ihrem Ursprung, bevor noch der erste disharmonische Gedanke entsteht. Sie lehrten den Menschen die rechte Weise zu denken, niemals vom Gesetz abzuweichen, niemals einen unvollkommenen Gedanken in das Bewußtsein hereinzulassen oder anzunehmen.

Diese großen Meister lehrten den Menschen auch, wie er mit dem Gesetz arbeiten kann, wenn er danach verlangt und auf diese Weise immer mehr Harmonie und Vollkommenheit in seiner Welt und in der Welt außerhalb von ihm schafft.

Der Mensch versucht dauernd Wege zu entwickeln, um seine

Lebensbedingungen zu verbessern. Aber er tut das allzuoft ohne dabei das Gesetz zu berücksichtigen. Er versucht Frieden und Harmonie mit materiellen Mitteln zu erzielen, mit technologischen Entwicklungen, mit ökonomischen Systemen, ohne zu wissen, daß die Umstände der Disharmonie, die er selbst doch in die Welt gesetzt hat, niemals durch materielle Mittel beseitigt werden können. Die Menschheit hat ein Meer voll Leid und Disharmonie geschaffen und das kann nur aufgelöst werden, wenn er beginnt, das Gesetz der Harmonie in seinem Gedankenkörper in Bewegung zu setzen. Nur durch vollständiges Zusammenwirken mit dem Gesetz kann diesem Planeten Friede und Harmonie gegeben werden.
Dies ist die Lehre der alten Essener in bezug auf den Frieden des Geistes.

3 – Friede mit der Familie

Der dritte Friede der Essener, der Friede mit der Familie, bezieht sich auf die Harmonie im Gefühlskörper, auf die Harmonie der Gefühle.
Mit dem Ausdruck Familie meinten die Essener jene Menschen in der unmittelbaren Umgebung des Einzelnen, denen er in seinem täglichen Leben und Denken begegnet, seine Familie, seine Verwandten, Freunde und Bekannten. Entsprechend der Essener-Traditon hängt die Harmonie mit diesen Menschen vom Gefühlskörper ab.
Die natürliche Aufgabe des Gefühlskörpers besteht darin, Liebe auszudrücken. Der Menschheit wurde das immer wieder von den großen Meistern, Jesus, Buddha, Zoroaster, Moses und den Propheten gesagt. Dem Menschen wurde das Gesetz gegeben, seinen Schöpfer mit allen drei Körpern zu lieben. Und das Leben selbst ist in allen Bereichen, Aspekten und Ausdrucksformen die Demonstration kreativer Liebe.
Göttliche Liebe ist eine starke kosmische Kraft, eine kosmische Funktion. Sie ist das Gesetz für alle der menschlichen Körper, doch durch den Gefühlskörper wird sie am mächtigsten ausgedrückt.

Der Gefühlskörper besteht aus all den Gefühls- und Empfindungsströmungen, die der Einzelne erfahren und an die Umgebung abgeben kann. So wie die Gedankenkörper aller Menschen auf der Erde eine Gedankenatmosphäre um sie herum schaffen, so schaffen alle Gefühlskörper eine planetarische Gefühlsatmosphäre, unsichtbar und nicht meßbar, jedoch mit starkem Einfluß und großer Kraft. Alle Empfindungen und Gefühle, die im Einzelnen entstehen, werden Teil der irdischen Gefühlsatmosphäre und bringen ähnliche Gefühle in der irdischen Atmosphäre zum Mitschwingen.

Gibt jemand ein niederes Gefühl von sich, so wird dessen Schöpfer sogleich in die entsprechend niederen Gefühle des Gefühlskörpers der Erde hineingezogen. Und so öffnet er die Tore für eine Flut von zerstörerischer Gewalt, die in ihn hereinstürzt und seine Gefühle beherrscht und zumeist auch sein Denken und seine eigenen niederen Gefühle verstärkt, so wie das bei einem Verstärker und Lautsprecher mit dem Ton geschieht.

Diese zerstörerische Gewalt beeinflußt den physischen Körper des Einzelnen direkt. Sie beeinflußt die Arbeit der endokrinen Drüsen und das ganze Drüsensystem. Sie läßt krankhafte Zellen entstehen, die unsere Lebenskraft mindern, das Leben verkürzen und zu unbegrenztem Leid führt. Es wundert daher nicht, daß die Zahl der Nervenstörungen und anderer Krankheiten trotz der ganzen Krankenhäuser, Heilanstalten, ärztlichen Organisationen und Zentren und angesichts des Fortschritts in Hygiene und Medizin dennoch erschreckend zunimmt.

Indem der Mensch vom Gesetz abweichte, wurde er in seinem Gefühlskörper zur selbstvergiftenden Maschine, weil sein Handeln unwissentlich gegen das Gesetz gerichtet ist, anstatt mit diesem in Einklang zu sein.

Die Essener wußten um die große Disharmonie im Gefühlskörper fast jedes Menschen und aus Beobachtungen an Gefühlskörpern von Babies und Eingeborenen lernten sie auch, warum. Der Gefühlskörper eines Babies nimmt als erstes die Formen frühester kindlicher Selbsterhaltungsinstinkte an. Daraus entstehen drei Grundempfindungen: Furcht, Ärger und Liebe.

Furcht entsteht vor einer plötzlichen Bewegung oder Geräusch.

Ärger entsteht durch die Beschränkung der Freiheit des Babies. Und Liebe aus der Befriedigung eines Hungers und anderer Bedürfnisse. Furcht und Ärger sind niedere Gefühle. Das Liebesgefühl, obgleich von hohem Wert, ist im Baby noch nicht entwickelt. Der Gefühlskörper des Säuglings ist ein Vulkan von Empfindungen, von denen die meisten von niederem Wert sind. Sein Gedankenkörper hat noch nicht angefangen zu arbeiten.
Ein ursprünglicher Mensch hat einen ähnlichen Gefühlskörper. Seine Empfindungen sind alle auf seinen Selbsterhaltungsinstinkt bezogen und beherrschen als eine mächtige Kraft seinen frühkindlichen Gedankenkörper. In beiden, dem Kind und dem einfachen Naturmenschen entwickelt sich der Gefühlskörper viel früher als der Gedankenkörper. Das ist erforderlich, um den leiblichen Körper vor Gefahr zu schützen und so das Leben zu erhalten. Der Selbsterhaltungsinstinkt ist ein Naturgesetz und das von ihm bestimmte Handeln bewegt sich solange in vollständiger Harmonie mit dem Gesetz, bis der Mensch die Kraft des Denkens entwickelt hat, um damit einen Weg aus der Gefahr zu finden.
Da aber das Fühlen für eine so viel längere Zeitspanne als das Denken gearbeitet hat, neigt es dazu, das Denken zu beherrschen, selbst wenn das Kind erwachsen und der Naturmensch zivilisiert geworden ist.
Bei den meisten Menschen herrscht heutzutage der Gefühlskörper über den Gedankenkörper. Darin liegt die Ursache der ersten Abweichung des Menschen vom Gesetz.
Mit der Gedankenkraft kann der Mensch jede Situation seines Lebens besser angemessen meistern als durch Empfindungen ohne zu denken.
Aber die Handlungen der meisten Leute sind allzuoft mehr Ausdruck von Impulsen im Gefühlskörper, als Ausdruck von begründeten Gedanken. Das führt zu einem ungeheuren Ungleichgewicht in ihren Körpern. Der erwachsene zivilisierte Mensch der sich soweit entwickelt hat, daß er zum Denken fähig ist, sollte mit seinem Denken auch sein Handeln bestimmen. Wenn er seinem Handeln erlaubt, vom Empfinden und

Fühlen beherrscht zu werden, so wie das in seiner Kindheit der Fall war, so bringt er all seine Kräfte aus dem Rhythmus und aus dem Gleichgewicht.
Das schafft regressive psychologische Bedingungen in seinem gesamten Dasein. Seine darausfolgenden Taten und Handlungen bleiben ichbezogen und selbstsüchtig, wie die eines Kindes und eines Naturmenschen.
Aber wenn der Mensch kein Wilder oder Kind mehr ist, so weicht er vom Gesetz ab, wenn er wie ein Wilder oder wie ein Kind handelt. Seine triebhaften Impulse können dem Fortschritt der Evolution nur dann dienen, wenn sie von den denkenden Fähigkeiten bestimmt werden.
Und aus der Abweichung vom Gesetz entstehen noch weitere Folgen.
Die Natur gab dem Menschen die Fähigkeit zum Denken, damit er fähig ist, ihre Gesetze zu verstehen und sein Leben in Harmonie mit ihnen zu führen. Der Mensch ist fähig, eine weit höhere Entwicklungsstufe durch Denken zu erlangen, als er durch triebhaftes Leben erreicht. Wenn er also darin fortfährt, seinen Gefühlskörper weiterhin als beherrschende Kraft in seinem Handeln zuzulassen, so behindert er nicht nur seine eigene Entwicklung, sondern auch die Evolution des Planeten.
Unternimmt er keine Anstrengungen, um das Gesetz zu verstehen, so verneint er es, leugnet er beständig sein Wissen davon, so ist er darauf angewiesen, seine eigenen Gesetze zu schaffen, kleine künstliche Gesetze, Gesetze der Ichbezogenheit und der Selbstsucht. Und diese verursachen Mauern der Trennung zwischen ihm und der übrigen menschlichen Familie, zwischen ihm und der Natur, zwischen ihm und dem großen Gesetz, dem Schöpfer.

Mit der ersten Abweichung des Gefühlskörpers vom Gesetz beginnt der Mensch eine lange Kette von Abweichungen, die all das menschliche Ungleichgewicht und Leiden auf der Erde verursachen.
Alle großen Lehrer der Menschheit haben den Menschen Tausende von Jahren vor den Folgen gewarnt, die bei der Abweichung des Gefühlskörpers vom Gesetz entstehen. Buddha

hob hervor, wie daraus Leiden entsteht. Leiden für den Einzelnen und Leiden für die Menschheit.

Und die Essener zeigten, wie der Gefühlskörper zum machtvollen Werkzeug zur Entstehung von Gesundheit, Lebenskraft und Glück werden kann, und wie durch den richtigen Umgang damit, im Ausdruck von Liebe, der Mensch ein himmlisches Reich in sich und seiner Umwelt und für die ganze menschliche Familie schaffen kann.

Im Essener Frieden mit der Familie findet das Große Gesetz seinen Ausdruck in der menschlichen Nächstenliebe, ein Gesetz, das sich kleinen Kindern offenbart, sich aber oft vor dem Bewußtsein des erwachsenen Menschen verbirgt.

4 – Friede mit der Menschheit

Der vierte Friede der Essener bezieht sich auf die Harmonie zwischen Gruppen von Leuten, auf sozialen und wirtschaftlichen Frieden.

Nie hat sich die Menschheit des sozialen Fortschritts voll erfreuen können, zu keiner Zeit der Geschichte. Schon immer hat der Mensch den Menschen ökonomisch ausgebeutet, politisch beherrscht und militärisch unterdrückt. Die Essener wußten, daß diese Ungerechtigkeit durch Abweichung vom kosmischen Gesetz zustandekam. Genau die gleichen Abweichungen, die Disharmonie im Leben des Einzelnen in seinem handelnden, Gedanken- und Gefühlskörper verursachten, riefen auch Wohlstand und Armut, Herrscher und Sklaven hervor und als Folgen soziale Unruhen.

Für die Essener war Reichtum und Armut ein Ergebnis der Abweichungen vom Großen Gesetz.

Großer Wohlstand kann sich nur in wenigen Händen konzentrieren, weil Menschen andere Menschen ausbeuten – auf die eine oder andere Weise. Und das ist die Ursache für das Elend von Herrschern und Unterdrückten. Die Vielen fühlen Haß und die ihm verwandten zerstörerischen Emotionen. Das erzeugt Angst in den Herzen der Ausbeuter, Angst vor dem Aufstand, Angst davor, ihren Besitz zu verlieren, ja sogar ihr Leben.

Armut wurde auch als Abweichung vom Gesetz angesehen. Ein Mensch war arm wegen falscher Haltungen im Denken, Fühlen und Handeln. Er mißachtet das Gesetz und kooperiert daher nicht mit ihm. Die Essener bewiesen, daß alles in Fülle vorhanden ist, was der Mensch braucht und ihn glücklich macht.
Beschränkungen und Verschwendungen sind beide künstlich und durch Abweichung vom Gesetz entstanden. Sie erzeugen den Teufelskreis von Angst und Aufruhr, eine ununterbrochene Atmosphäre von Disharmonie, die alle Körper des Menschen beeinflußt, der Reichen wie der Armen, und unaufhörlich einen Zustand der Unruhe, des Krieges und des Chaos erzeugt. Das war der Dauerzustand der Menschheitsgeschichte.
Die Reichen und die Armen leiden gleichermaßen unter den Folgen ihrer Abweichungen.
Den Essenern war klar, daß es aus diesem Kreislauf von Unterdrückung, Haß und Gewalt, Kriegen und Revolutionen kein Entkommen gab, außer die unwissende Haltung des Einzelnen in der Welt zu verändern. Ihnen war klar, daß der Einzelne eine lange Zeit braucht, um seine Vorstellungen, sein Denken und seine Gewohnheiten zu verändern, und zu lernen, wie er mit dem Gesetz kooperieren kann. Denn der Einzelne muß die Veränderung selbst hervorbringen. Keiner kann es für ihn tun.
Jedoch durch Lehren und Vorbilder, so glaubten die Essener, kann langsam ein höheres Verständnis für das Gesetz stufenweise geschaffen werden. Sie lehrten eine Lebensweise, die weder Armut noch Reichtum unterstützte. Sie bewiesen in ihrem Alltag, wie der Mensch im Einklang mit dem Gesetz, im Versuch, das Gesetz zu verstehen und damit bewußt zusammenzuarbeiten, keinen Mangel erfahren wird. Es wird ihm gelingen, in jeder Handlung, jedem Gedanken und Gefühl einen allumfassenden Einklang beizubehalten und er wird jedes Bedürfnis erfüllt finden.
Die Lösung, die die Essener für wirtschaftliche und soziale Harmonie anboten, ist für jede Zeit anwendbar, für die Gegenwart, wie für die Vergangenheit und Zukunft. Sie enthielt vier Faktoren:

1. Trennung von den chaotischen Bedingungen der Masse der Menschen, die sich weigern, dem Gesetz von Natur und Kosmos zu folgen.
2. Darstellung eines praktischen und sozialen Systems, das auf dem Gesetz von Natur und Kosmos aufbaut.
3. Vermittlung dieser Ideen an die Außenwelt durch Lehren, Heilen und Helfen anderer, entsprechend ihren Bedürfnissen.
4. Menschen in die eigenen Gemeinschaften anzuziehen, die sich so weit entwickelt haben, daß sie fähig sind, mit dem Gesetz zusammenzuarbeiten.

Die Essener zogen sich aus der Disharmonie der Städte und Orte zurück und gründeten Bruderschaften an den Küsten von Seen und Flüssen, wo sie ihr Wirtschafts- und Sozialmodell, das auf dem Gesetz basierte, aufbauten. In ihren Bruderschaften gab es weder Reiche noch Arme. Niemand benötigte etwas, was er nicht hatte. Und niemand hatte Überfluß an Dingen, die er nicht nutzen konnte. In beidem sahen sie eine Entartung. Sie zeigten der Menschheit anschaulich, wie der Mensch sein tägliches Brot, seine Nahrung und all seine materiellen Bedürfnisse ohne Anstrengung, jedoch durch das Wissen um das Gesetz erwerben kann.

Strenge Regeln und Vorschriften waren unnötig, denn alle lebten im Einklang mit dem Gesetz. Ordnung, Tüchtigkeit und die Freiheit des Einzelnen bestanden nebeneinander. Die Essener waren sowohl äußerst praktisch als auch höchst spirituell und intellektuell.

Sie beteiligten sich nicht an der Politik und folgten keiner politischen Richtung, denn sie wußten, daß weder politische noch militärische Mittel die chaotischen Zustände der Menschheit ändern können. Sie bewiesen durch konkretes Beispiel, daß Ausbeutung und Unterdrückung anderer vollkommen unnötig waren. Viele ökonomische und soziale Geschichtsforscher sahen in den Essenern die ersten Sozialreformer der Welt in einem umfassenden Rahmen.

Ihre Bruderschaften waren zum Teil kooperativ aufgebaut. Jedes Mitglied der Gruppe hatte sein eigenes kleines Haus und einen Garten, groß genug für ihn, um anzubauen, was immer er

besonders wünschte. Aber jeder nahm ebenfalls am Gemeinschaftsleben teil, wo immer seine Dienste gebraucht wurden; wie beim Weiden der Tiere, beim Pflanzen und Einholen der Ernten auf den gemeinsamen, ökonomisch bepflanzten, weitausgedehnten Flächen.
Sie verfügten über große landwirtschaftliche Tüchtigkeit, ein gründliches Wissen vom Pflanzenleben, von Boden- und Klimabedingungen. In Gebieten, die der Wüste glichen, ernteten sie eine große Vielfalt von Früchten und Pflanzen in der besten Qualität und in solch einer Fülle, daß sie zeitweise einen Überschuß an Bedürftige verteilen konnten. Ihr wissenschaftliches Wissen erlaubte ihnen, das alles in vergleichsweise nur wenigen Stunden am Tag zu bewerkstelligen, so daß ihnen reichlich Zeit für ihre Studien und spirituellen Übungen blieb.
Die Natur war ihre Bibel. Sie sahen im Gärtnern einen erzieherischen Wert, einen Schlüssel zum Verständnis des ganzen Weltalls, der alle Gesetze offenbart, ebenso wie der menschliche Körper. Sie lasen und studierten das große Buch der Natur ihr ganzes Leben lang, in all ihren Bruderschaften, als eine unauslöschbare Quelle von Wissen, sowie von Energie und Harmonie. Wenn sie in ihren Gärten arbeiteten und ihre Pflanzen pflegten, so setzten sie sich mit dem Leben der Natur in Verbindung, mit den Bäumen, der Sonne, dem Erdboden, dem Regen. Von all diesen Kräften erhielten sie ihre Ausbildung, ihr Vergnügen und ihre Erholung.

Diese Haltung gegenüber ihrer Arbeit war einer der Gründe für ihren großen Erfolg. Für sie war das nicht nur Arbeit, sondern eine Gelegenheit, die Kräfte und Gesetze der Natur kennenzulernen. Und darin unterschied sich ihre Wirtschaftsordnung von all den anderen. Die Pflanzen und Früchte, die sie anbauten, waren nur Ergebnisse ihrer Bemühungen. Ihr wahrer Lohn lag im Wissen, in der Harmonie und in der Lebenskraft, die sie erlangten, um ihr Leben zu bereichern. So war die Gärtnerwirtschaft für sie ein Ritual, eine heilige Handlung. Ein weites und eindrucksvolles Schweigen erfüllte die Atmosphäre, wenn sie in Harmonie mit der Natur arbeiteten und dabei wahre himmlische Reiche in ihren Bruderschaften errichteten.

Ihre wirtschaftliche und soziale Organisation war nur ein Ausschnitt ihrer ganzen Ordnung von Leben und Lehre. Sie war ein Mittel zum Zweck, erfüllte jedoch keinen Selbstzweck. Denn all ihre Handlungen, Gedanken, Gefühle und Taten waren voll von einer lebendigen Einheit und Harmonie. Alle gaben freizügig von ihrer Zeit und ihren Energien, ohne sich gegenseitig den Betrag mathematisch vorzurechnen. Und durch diese Harmonie in jedem Einzelnen konnte dessen Entwicklung beständig fortschreiten.

Den Essenern war klar, daß es viele Generationen brauchte, um Veränderung im Menschen oder gar in der ganzen Menschheit zu bewirken, doch sie schickten Lehrer und Heilpraktiker von ihren Bruderschaften aus, deren Leben und Errungenschaften die Wahrheit verdeutlichen würde, die sie lehrten, um so in kleinen Schritten das Verständnis und den Wunsch der Menschen zu erwecken, im Einklang mit dem Gesetz zu leben. Die Essener Bruderschaft am Toten Meer schickte solche Lehrer für viele Jahrhunderte aus, wie Johannes den Täufer und Johannes den Geliebten (Autor des vierten Evangeliums). Und sie warnten immer wieder vor den Folgen der sozialen und wirtschaftlichen Abweichungen des Menschen vom Gesetz. Ein Prophet nach dem anderen wurde ausgeschickt, um vor den Gefahren zu warnen, die soziale Ungerechtigkeit nach sich zieht, so wie sie damals und auch noch heute vorhanden ist. Und nicht nur der Einzelne und Gruppen wurden gewarnt, deutlich war zu erkennen, daß alle in Gefahr gerieten, die die Abweichungen unterstützten oder in irgendeiner Weise mit ihnen zusammenwirkten.

Die Masse der Menschheit hörte nicht zu, und erlangte kein Verständnis von sozialem und wirtschaftlichem Frieden. Nur wenige mehr entwickelte Menschen horchten auf. Von diesen wurden einige auserwählt, um in den Bruderschaften zu arbeiten, als Beispiel für Friede und Harmonie in allen Bereichen ihres Daseins.

Die Essener wußten, daß die Minderheit, die das Gesetz versteht und befolgt, durch die sich steigernde Wirkung von Vorbild und Lehre eines Tages, gewachsen durch die Generationen,

schließlich zur Mehrheit der Menschheit anwachsen wird.
Erst dann wird der Menschheit diesen vierten Frieden der Essener erkennen, den Frieden mit der Menschheit.

5 – Friede mit der Kultur

Der Frieden mit der Kultur bezieht sich auf den Gebrauch der großen Werke der Weisheit aus allen Jahrhunderten, einschließlich der Gegenwart.
Die Essener bestanden darauf, daß der Mensch seinen rechten Platz im Weltall nur dann einnehmen kann, wenn er alles verfügbare Wissen von den großen Lehren aufnimmt, das ihm durch die großen Meister der Weisheit gegeben wurde. Entsprechend der Essener-Traditionen stellen diese Meisterwerke ein Drittel allen Wissens dar. Für sie gab es drei Wege um die Wahrheit zu finden. Der eine ist der Weg der unmittelbaren Erkenntnis, dem die Mystiker und die Propheten folgen. Der andere ist der Weg der Natur und Wissenschaft. Der dritte ist der Weg der Kultur, der großen Meisterwerke der Literatur und Kunst.
Die Essener bewahrten in ihren Bruderschaften eine große Reihe wertvoller Schriften, die sie beständig studierten und zwar mit einer Methode, die sich in keiner anderen Gedankenschule des Altertums finden läßt. Sie studierten diese Werke, indem sie gleichzeitig den beiden ersten Wegen folgten: dem Weg der direkten Wahrnehmung und dem Weg der Natur.
Durch unmittelbare Erkenntnis bemühten sie sich, die ursprünglich höhere Intuition des Meisters zu verstehen und so ihr eigenes höheres Bewußtsein zu erwecken. Durch die Natur, aus der die großen Meister ihre Vergleiche und Beispiele hernahmen um sie den Massen zu verdeutlichen, brachten die Essener ihre eigenen intuitiven Beobachtungen mit den Lehren der Meister in Übereinstimmung. Durch diesen dauernden Vergleich zwischen der Natur, ihren eigenen Intuitionen und den großen Meisterwerken der Kultur machte ihre eigene Entwicklung Fortschritte.
Sie hielten es für die Pflicht jedes Menschen, Weisheit aus diesen Meisterwerken zu erwerben, so daß die Erfahrung, das Wissen und die Weisheit genutzt werden konnten, die bereits von vor-

ausgegangenen Generationen erlangt worden war. Ohne diese Lehren wäre der Fortschritt der Menschheitsentwicklung wesentlich langsamer abgelaufen, denn jede Generation müßte immer wieder von ganz vorne anfangen. In der allumfassenden Kultur hat der Mensch dem Planeten etwas Neues hinzugefügt und ist damit zum Schöpfer geworden, zum Mitschaffenden an Gottes Seite. Und so erfüllt er seine Aufgabe auf Erden, indem er die Arbeit der Schöpfung fortsetzt.

Die umfassende Kultur hat für die Menschheit noch aus zwei weiteren Gründen großen Wert. Erstens verkörpert sie die höchsten Ideale, die sich die Menschheit geschaffen hat, und zweitens bildet sie eine allumfassende Wissensvereinigung von Lebensproblemen und ihrer richtigen Lösung.

Dieses Wissen wurde von hochentwickelten Wesen hervorgebracht, jenen erfahrenen Menschen, die über Kräfte verfügten, die ihnen den Zugang zu den allumfassenden Quellen des Wissens, der Energie und Harmonie im Kosmischen Gedankenmeer ermöglichten. Offensichtlich hat dieser Zugang ihnen erlaubt, die Kräfte der Natur bewußt in die Wege zu leiten, die die Welt heute als Wunder bezeichnet. Diese Offenbarung ihrer Kräfte sammelte um sich herum eine begrenzte Zahl von Schülern, die in ihrer eigenen Entwicklung weit genug vorangeschritten waren, um den tieferen Sinn der Lehren ihrer Meister zu verstehen. Diese Schüler bemühten sich, die Wahrheiten, die ihnen gelehrt wurden, zu erhalten, indem sie die Worte der Meister aufschrieben. Und darin lag der Ursprung aller großen Meisterwerke der Weltliteratur.

Die Wahrheiten in diesen Meisterwerken sind ewig und gültig für alle Zeit. Sie kommen aus der ewigen, unveränderlichen Quelle des Wissens. Die Gesetze des Kosmos und der Natur, die Natur selbst, das innerste Bewußtsein des Menschen, sind alle zu jeder Zeit gleich. Solche Lehren gehören keiner Gedankenschule oder Religion an. Die Essener waren überzeugt davon, daß der Mensch alle großen heiligen Bücher der Menschheit, all die großartigen Kulturbeiträge, studieren soll. Denn sie wußten, daß alle die gleiche zeitlose Wahrheit lehrten und scheinbare Widersprüche nur durch die Einseitigkeit ihrer Anhänger entstehen, die sich um Auslegung bemühen.

Der Sinn der Studien, die sie durchführten, ist es nicht, lediglich einige wenige zusätzliche Fakten dem Wissen hinzuzufügen, das der Einzelne schon hat. Es soll ihn für die Quellen der universalen Wahrheit öffnen. Wenn der Mensch ein großes heiliges Buch der Menschheit liest, werden die Symbole der Buchstaben und Worte selbst im Gedankenkörper machtvolle Schwingungen und Gedankenströmungen schaffen. Und diese Schwingungen und Strömungen bringen ihn in Berührung mit dem Gedankenkörper des großen Meisters, der die Wahrheit hervorbrachte.
Dies eröffnet dem Individuum eine Quelle des Wissens, der Harmonie und Kraft, die auf keinem anderen Wege erhältlich ist. Und darin liegt der große Wert, der tiefere Sinn, des fünften Friedens der Essener.

Die großen Meisterwerke sind in Geschichtsepochen entstanden, als sich die Menschheit in großem Chaos befand. Die unaufhörliche Abweichung des Menschen vom Gesetz scheint zu bestimmten Zeiten in Massenverwirrung und Zusammenbruch zu gipfeln, so daß ein Verfall der bestehenden Sozialordnung und Lebensweise drohte oder stattfand. In solchen Zeiten erschienen die großen Meister wie Zoroaster, Buddha, Moses, Jesus und andere, um den Menschen als Wegweiser zu dienen. Sie brachten der Menschheit neue Horizonte und neue Hoffnung.
Sie gaben ihre Lehren in zweifacher Art und Weise weiter. Einmal in Form von Naturparabeln, die für die Masse des Volkes verständlich waren. Die zweite Form, die nur für eine kleine Anzahl entwickelter Anhänger geeignet war, war die direkte Übertragung des Wissens vom Bewußtsein des Meister ins Bewußtsein des Schülers. Die erste Form findet man in sogenannten exoterischen (äußeren) Büchern und Geschichtsforscher bezeichnen diese als geschriebene Überlieferungen. Die andere Lehre wurde als ungeschriebene Tradition bezeichnet und diese war die esoterische Lehre, wie sie von den Schülern für eigene Zwecke und nicht fürs Volk aufgeschrieben wurde. Aber selbst den Schülern gelang es nicht immer, die Weisheit der Meister zu verstehen und sie richtig auszulegen.
Einige wenige, und leider nur einige ganz wenige, gegenwärtige Bücher enthalten die gleichen Lehren, so wie sie die Meister

hervorbrachten. Tausende von Menschen schreiben heutzutage Bücher und Tausende über Tausende von Büchern werden jedes Jahr herausgegeben. Bei solch einer Massenproduktion von Drucksachen ist es unvermeidbar, daß die große Mehrzahl von minderwertiger Qualität sein muß, selbst die besten der Bücher, die oberflächliche Scheinwahrheiten verkünden. Und trotz der geringen Zeit, die sich der moderne Mensch zum Lesen zugesteht, neigt er noch dazu, sich mit diesen oberflächlichen und im allgemeinen nutzlosen Drucksachen zu beschäftigen, während die Meisterwerke der Jahrhunderte in Bücherregalen und Bibliotheken verstauben.

Bevor die Druckkunst entdeckt wurde, blieben nur jene Schriften erhalten, die echten Wert besaßen. Der durchschnittliche Mensch war damals nicht fähig zu lesen oder zu schreiben. Die Schwierigkeiten, sich Wissen anzueigen, waren sehr groß. Das Reisen zu den wenigen Bildungszentren brachte große Gefahren mit sich, was von den unsicheren Verhältnissen in verschiedenen Ländern und den einfachen Transportmitteln herrührte. Zudem mußte sich der Schüler in einer mehrjährigen Lehre dann bemühen, für die Erlangung von Weisheit würdig befunden zu werden, und dann kamen weitere lange Jahre, um sie zu erwerben. Die materiellen Schwierigkeiten, ein Manuskript herzustellen, waren ebenfalls groß. Wegen all dieser Hindernisse wurden nur Arbeiten von wahren Meistern an zukünftige Generationen übermittelt und die wenigen, die davon übrigblieben stellen zumeist Weisheit höherer Ordnung dar.

Dieser dritte Teil aller Weisheit, wie er in der Kultur der Menschheit dargestellt wird, erschien den Essenern für die Entwicklung des Menschen notwendig. Auf keine andere Weise konnte er ein allumfassendes Verständnis für die Lebensgesetze durch die Begegnung mit dem kosmischen Gedankenmeer erlangen.

Und diese Begegnung mit dem immerwährenden Gedankenkörper eines großen Meisters ist der heilige Sinn und das kostenlose Vorrecht des Friedens und darin liegt die Harmonie mit der Kultur.

6 — Friede mit dem Reich der Mutter Erde

Der sechste Frieden lehrt Harmonie mit den Gesetzen der irdischen Natur, dem Reich der Mutter Erde. Die Einheit von Mensch und Natur ist ein grundlegendes Prinzip der Wissenschaft vom Leben bei den Essenern.
Der Mensch ist ein vollständiger Teil der Natur. Er wird von allen Gesetzen und Kräften der Natur beherrscht. Seine Gesundheit, seine Lebenskraft und sein Wohlbefinden hängen vom Grad der Harmonie mit den irdischen Kräften ab; für jeden Einzelnen, für jede Nation und für die ganze Menschheit wird das immer im direkten Verhältnis dazu stehen, inwieweit der Mensch die irdischen Gesetze befolgt.
Die Weltgeschichte zeigt, wie jede Nation seine größte Blüte dann erreichte, sobald sie einmal das große Gesetz der Einheit von Mensch und Natur befolgte. Ihre Lebenskraft und ihr Wohlstand blühte auf, wenn das Volk ein einfaches, natürliches Leben im Zusammenwirken mit der Natur lebte. Wenn aber die Nation oder Zivilisation von der Einheit abweicht, so löst sie sich unweigerlich auf und verschwindet.
Diese Einheit von Mensch und Natur ist nie so schwerwiegend verletzt worden wie zur gegenwärtigen Zeit. Der moderne Städtebau des Menschen steht vollkommen im Widerspruch zur Natur. Die städtischen Stein- und Betonwände sind symbolischer Ausdruck für die Trennung des Menschen von der Natur, für seine aggressive Lebensweise mit seinem Drang, andere zu unterwerfen und der ständigen Konkurrenz untereinander. Sein derzeitiges, zentralisiertes, technisiertes und mechanisiertes Leben schafft einen Abgrund, der ihn von der Natur trennt, einen Abgrund der niemals breiter und tiefer gewesen ist.
Die Einheit mit der Natur ist das Fundament der menschlichen Existenz auf Erden. Sie ist das Fundament aller Wirtschaftssysteme, aller Sozialbeziehungen. Ohne dieses Fundament wird sich die gegenwärtige Zivilisation zu Niedergang und Verfall hinbewegen, wie jene in der Vergangenheit.
Dieses Gesetz der Einheit galt bei den Essenern als leitender

Maßstab für den Alltag des Menschen im materiellen Weltall. Die Menschheit wußte von diesem großen Gesetz aus einer Zeit, die der erdgeschichtlichen Katastrophe des Pleistozän (Diluvium) vorausging. Entsprechend der Überlieferungen, die auf den Hyroglyphen der Sumerer basieren, war das Leben des vordiluvischen Menschen überwiegend ein Leben im Walde, untrennbar von dem Waldes. Die Wissenschaft nannte diesen Menschen Homo sapiens sylvanus.

Die Riesenbäume des damaligen Jahrhunderts boten mit über hundert Metern Höhe nicht nur Schutz, sondern regulierten auch die Temperatur und Luftfeuchtigkeit der Atmosphäre. An Bäumen wuchs die Nahrung des Menschen mit einer Fülle von verschiedenen Früchten. Die grundlegende Beschäftigung des Menschen war damals mit Bäumen. Er baute sie nicht nur an und pflegte sie, sondern schuf neue Arten und entwickelte neue Fruchtsorten. Er war ein großartiger Baumgärtner, der in Harmonie mit allen Naturkräften lebte. Er wirkte mit der Natur zusammen in jeder Weise, indem er sowohl die Wälder erweiterte als auch davon absah, Bäume zu beschädigen.

Dieser vordiluvische Mensch der Waldzeit verfügte über keine technische Entwicklung und war doch ein fast vollkommenes Beispiel für das große Gesetz der Einheit und Harmonie zwischen Mensch und Natur. In der Geisteswissenschaft aller Lehren des Altertums war die Einheit des Menschen mit den Wäldern eine grundlegende Charakteristik. Die Idee der Einheit von Mensch und Natur hat große Denker, Philosophen und ganze Gedankensysteme beeinflußt.

Zoroaster begründete vieles seiner Lehre in der Zend Avesta darauf. Er versuchte die frühen Traditionen dadurch zu erneuern, indem er den Menschen zu einer harmonischen Lebensweise in Zusammenarbeit mit der Natur zurückführte. Er lehrte seine Anhänger, daß es ihre Pflicht sei, die Erdoberfläche zu erhalten, das Gärtnern und alle Naturgesetze zu erlernen und mit ihren Kräften zusammenzuarbeiten um das ganze Pflanzenreich zu vervollkommnen und auf die ganze Erdoberfläche auszudehnen. Er betonte immer wieder nachdrücklich, sich lebhaft um die Entwicklung jeder Seite der

irdischen Natur zu bemühen, der Pflanzen, Bäume und aller ihrer Früchte.
Und zur Unterstützung veranlaßte er alle Väter, einen Fruchtbaum am Geburtstag jedes seiner Söhne zu pflanzen und dem Jugendlichen am 21. Geburtstag alle einundzwanzig Fruchtbäume zusammen mit dem Land zu geben, worauf sie gewachsen waren. Das sollte das Erbe für den Sohn sein und der Vater war angewiesen, dem Jungen alle Gesetze des praktischen Gärtnerns und das Zusammenwirken mit der Natur zu lehren, so daß jener für alle seine zukünftige Nahrung selbst sorgen konnte. Die vollkommene Lebensgrundlage, so lehrte Zoroaster, ist die eines Gärtners, der durch seine Arbeit mit der Erde, der Luft, dem Sonnenschein und dem Regen in dauernder Berührung mit den Naturkräften ist und ihre Gesetze studieren kann. Das Studium dieses größten Buches, das Buch der Natur, war für Zoroaster der erste Schritt, um Frieden und Harmonie im Reich der Mutter Erde zu schaffen.
Die Lehre von dieser Einheit von Mensch und Natur erschien unmittelbar nach der Zend Avesta in der wedischen Geisteswissenschaft des Brahmanismus, in den Upanischaden und später in Buddhas Lehre. Das brahmanische Gesetz der Einheit, „Du bist das" (Tat Tvam Asi) drückte die Einheit von allem aus, von Weltall, Mensch und Natur. Die Weisen in Indien waren Waldmenschen, die in vollkommener Harmonie mit der ganzen Schöpfung lebten. Auch Berosus, der chaldäische Priester, gab ein Bild von der natürlichen Lebensweise im Walde.

Aber die Einheit von Mensch und Natur fand ihren vollständigsten und poetischsten Ausdruck im zweiten Kapitel des Essener Evangeliums des Johannes, wo Jesus seinen gesamten Wortschatz aus der Natur schöpft, um dem Menschen zu zeigen, daß er ein vollkommener Teil davon ist. Jesus gab eine letzte Warnung hinsichtlich dieser Einheit und der Notwendigkeit zu ihr zurückzukehren.
Der vordiluvische Mensch, der Zoroastermensch, der Brahmane, der Buddhist, der Essener, sie alle sahen im Wald und in der Natur den Freund und Beschützer des Menschen, die Mutter,

die all seine irdischen Bedürfnisse befriedigte. Sie hielten sie nie für eine fremde Kraft, die bekämpft und erorbert werden mußte, wie das der moderne Mensch meint. Die zwei Symbole, der Wald und die Steinwand, geben einen Einblick vom gewaltigen Unterschied zwischen der Vorstellung des Altertums und der modernen Zeit, zwischen harmonischem Frieden und Zusammenwirken in der Natur einerseits, und den Steinmauern der Städte, der Zerstörung von Pflanzenleben, Erde und Klima andererseits.

Der Mensch muß heute mehr als zu irgendeinem anderen Jahrhundert in der Geschichte Harmonie und Friede mit der Natur erlernen. Auf der Erde gibt es riesige Flächen, wo er zuläßt, daß der Mutterboden sich verschlechtert und verschwindet. Nie zuvor gab es solch eine Massenzerstörung von Wäldern, nicht nur in ein oder zwei Ländern, sondern über alle fünf Kontinente hinweg. Und als Folge dieser fehlenden Zusammenarbeit mit der Natur nehmen die Wüstenflächen auf der Erde ständig zu. Dürre kommt immer häufiger vor, Überschwemmungen überfluten regelmäßig das Land. Eine unmißverständliche Klimaverschlechterung wird offensichtlich, übermäßige Kälte, übermäßige Hitze und zunehmende Insektenhorden zerstören die Früchte auf der ganzen Welt. Anstatt den edlen Traditionen der Essener zu folgen, versäumt der gegenwärtige Mensch, das Gesetz der Einheit und Zusammenarbeit mit der Natur zu erkennen und scheint vielmehr darauf besessen zu sein, sein Erbe zu zerstören. Er weigert sich, das große Buch der Natur zu lesen, das alle Lebensgesetze offenbart und dem Menschen den Weg zu einem immer glücklicheren Leben weist.

Die Lehre der Essener zeigt den einzigen Weg, wie der Mensch sein Leben auf der Erde sinnvoll gestalten kann, der einzige Grund, auf dem eine gesunde Menschheit in Frieden mit dem Reich der Mutter Erde wachsen kann.

7 – Friede mit dem Reich des Himmlischen Vaters

Dieser, der siebte Frieden, enthält zugleich alle anderen Seiten des Friedens. Das Reich des Himmlischen Vaters ist das Weltall, der gesamte Kosmos. Er wird von einem Gesetz, der Gesamt-

heit aller Gesetze, regiert. Der Himmlische Vater ist das Gesetz. Das Gesetz ist überall gegenwärtig. Es steht hinter allem, was sich manifestierte und allem, was noch nicht offenbar wurde. Der Stein fällt, der Berg formt sich, die Meere fließen, alle nach dem Gesetz. Im Einklang mit dem Gesetz entsteht das Sonnensystem, entwickelt sich und verschwindet wieder. Ideen, Empfindungen, Intuitionen kommen und gehen ins menschliche Bewußtsein, so wie es das Gesetz will. Alles was ist, konkret oder abstrakt, materiell oder immateriell, sichtbar oder unsichtbar, alles wird vom Gesetz bestimmt, von dem Einen Gesetz.
Das Gesetz hat keine Gestalt, so wie eine mathematische Gleichung keine Gestalt hat. Und doch enthält es alles Wissen, alle Liebe, alle Macht. Es legt Zeugnis ab von aller Wahrheit und aller Wirklichkeit. Es ist der Lehrer und Freund des Menschen, und zeigt ihm, was er zu tun hat, was er wissen und sein muß, um sich zu dem Wesen zu entwickeln, das seine Bestimmung ist. Das Gesetz führt den Menschen durch jedes Problem, durch jedes Hindernis hindurch und offenbart ihm immer die vollkommene Lösung.

Friede mit Gesetz bedeutet Friede und Harmonie mit dem kosmischen Meer aller kosmischen Kräfte des Universums. Durch diesen Frieden begegnet der Mensch allen höheren Strömungen und Schwingungen von allen Planeten im kosmischen All. Dadurch ist er fähig, die Wahrnehmung der Einheit mit allen Kräften des Weltalls zu erlangen, jenen der Erde und jenen aller anderen Planeten im Sonnensystem und allen galaktischen Systemen.
Durch diesen Frieden kann er sich mit all den höheren Welten im Weltall vereinen. Durch diesen Frieden wird in ihm die innere, intuitive Erkenntnis erweckt, so wie das die Mystiker und Propheten aller Zeiten befolgten. Durch diesen Frieden begegnet er seinem Schöpfer.
Dieser Friede erfüllt die Evolution des Menschen. Er bringt ihm das vollkommene Glück, welches das letzte Ziel ist.
Der Mensch ist ein Teil der Gesamtheit des Weltalls. Er bildet eine unzertrennbare Einheit mit dem Ganzen. Er hält sich selbst

davon getrennt, weil er sich seiner Selbst als Einzelner bewußt geworden ist. Er wurde selbstbewußt und ichbezogen, mehr als zur Erhaltung seines Lebens notwendig ist. Dieses Gefühl der Trennung verursacht in ihm das Bewußtsein von Mangel, von Beschränkung. In Gedanken hat er sich selbst von der Fülle des Weltalls getrennt, hat sich selbst von der Quelle aller Vorräte ausgeschlossen. Die Vorräte sind materiell und immateriell und bestehen aus greifbaren und sichtbaren Gütern für das tägliche Leben, und aus universalen Gütern in Form von Energie, Lebenskraft und Stärke, von denen die größte die Liebe ist.
Die Essener sahen den Menschen, wie er inmitten eines Kräftefeldes lebt, zugleich irdisch und planetarisch, und wie seine eigene individuelle Evolution zu dem Grad fortschreitet, wie er mit diesen Kräften zusammenarbeitet. Aber es gibt noch andere Kräfte einer höheren Ordnung, mit denen es noch wichtiger ist, in Harmonie zu sein. Das sind die spirituellen Strömungen im Kosmischen Meer des kosmischen Bewußtseins. Diese höheren Schwingungen vermischen sich nicht mit den irdischen und planetarischen Schwingungen. Durch seine eigene Anstrengung, seinen eigenen Willen, muß der Mensch zu diesem kosmischen Meer allumfassenden Lebens aufsteigen. Dann und nur dann kann er seine Einheit mit dem Gesetz wahrnehmen.
Um das klar zu verstehen muß das Weltall im Ganzen gesehen und begriffen werden, eine Ganzheit, die alle seine Teile enthält, alle Liebe, alles Leben, alles Wissen, alle Macht, alle Wesen. Es ist auch die Summe aller Stoffe, denn aus diesen werden alle Dinge gebildet. Es ist die Summe aller Liebe, die überall gegenwärtig ist, denn Liebe ist die höchste Quelle und die bindende Kraft, die das Weltall zusammenhält, in allen seinen Teilen. Und der Mensch kann genauso wenig von dieser Gesamtheit getrennt sein, wie eine Zelle in seinem Körper noch von diesem getrennt existieren kann.
Die Essener sprachen von den drei Teilen des Menschen: dem physischen Körper, dem Gefühlskörper und dem Gedankenkörper. Aber sie waren sich immer dessen bewußt, daß diese drei

Teile in Wirklichkeit nicht getrennt waren, denn sie sind alle Teile des einen höheren Körpers, des spirituellen Körpers. Und dieser Geistkörper ist eins mit allen anderen im Weltall und ein Teil davon.

Die Unfähigkeit des Menschen, diese Sache zu verstehen, verursacht eine unendliche Verwicklung durch falsche Beschränkungen. Er beschränkt sich nicht nur in Hinblick auf die Versorgung seiner materiellen Bedürfnisse, sondern auch in Hinblick auf seine Möglichkeiten, Fähigkeiten, und Kräfte des Denkens, Fühlens und Handelns. Er lebt ein Leben der Mittelmäßigkeit, weil er sich unnötig Grenzen setzt. Die moderne Wissenschaft stimmt dem zu, wenn sie berichtet, daß der Mensch Fähigkeiten besitzt, die er selten oder nie benutzt. Die Lehre der Essener zeigt, daß dieser Umstand durch die Empfindung der Trennung von der Schöpfung verursacht wird, eine selbstauferlegte Einschränkung, in der der Mensch durch seine Abweichung vom kosmischen Gesetz gefangen ist.

Der Friede mit dem Reich des Himmlischen Vaters ist daher nur möglich, wenn der Mensch diese Abweichungen auslöscht und mit dem Gesetz zusammenarbeiten lernt, und mit jedem Aspekt des siebenfältigen Friedens: mit den drei Körpern, der Familie, der Menschheit, der Kultur und der Natur. Nur dann kann er den siebten Frieden, den allumfassenden Frieden kennenlernen.

Die Essener lehrten diesen Frieden der Menschheit, so daß sie alle Grenzen überwinden würde und mit ihrer allumfassenden Quelle in Berührung kommen könnte, der gleiche Ursprung, mit dem die großen Meister durch die Zeiten ihr Bewußtsein vereint hatten, als sie ihre intuitiven Lehren hervorbrachten, die dem Menschen zeigten, wie er sich des Gesetzes bewußt wird, es verstehen, mit ihm zusammenarbeiten und in seinem Handeln zum Ausdruck bringen kann.

Die ganze Geschichte ist eine Wiedergabe der selbstauferlegten Begrenzungen des Menschen und seinen Bemühungen, diese zu überwinden. Diese Bemühungen geschahen einzeln, durch Gruppen oder Nationen und in einem planetarischen Sinne. Aber sie schlugen fast immer ins Gegenteil um, wurden unharmonisch, durch Kampf und weiteren Gesetzesabweichungen. So haben sie den Menschen an weitere Begrenzungen gebunden, weitere Disharmonie und weitere geistige Trennung hervorgerufen.

Das Reich des Himmlischen Vaters ist immer für ihn geöffnet. Seine Rückkehr zum universalen Bewußtsein und der allumfassenden Schatzkammer ist immer möglich. Hat er einmal diese Entscheidung zur Rückkehr getroffen und beharrliche Bemühungen aufgebracht, kann er immer zur Quelle zurückgehen, zu seinem Himmlischen Vater, von dem er kam und von dem er in Wirklichkeit nie getrennt gewesen ist.

Der große Friede der Essener lehrt den Menschen, wie er zurückgehen kann, wie er den letzten Schritt nimmt, der ihn mit dem Kosmischen Meer höherer Strahlungen des ganzen Universums vereinigt und schließlich die vollständige Vereinigung mit dem Himmlischen Vater, der Gesamtheit der Gesetze, das Eine Gesetz, erreicht.

Das war der letztliche Wunsch aller Essener und das bestimmte jeden ihrer Gedanken, Gefühle und Handlungen. Es ist das endgültige Ziel, das die ganze Menschheit eines Tages erreichen wird.

DER SIEBENFÄLTIGE EID

Der Eid, den der Schüler leisten mußte, bevor ihm die Worte der Kommunionen übergeben wurden, bestand aus sieben Teilen und behielt damit die übliche Zahl Sieben bei den Essener bei. Der Eid lautete wie folgt:

1. Ich möchte und werde mein Bestes tun, so zu leben, wie der Lebensbaum, der von den Großen Meistern unserer Bruderschaft gepflanzt wurde, in Gemeinschaft mit meinem Himmlischen Vater, der den ewigen Garten des Universums anlegte und mir meinen Geist gab; mit meiner Mutter Erde, die den Großen Garten der Erde anlegte und mir meinen Körper gab; mit meinen Brüdern, die im Garten der Bruderschaft arbeiten.
2. Ich möchte und werde mein Bestes tun, um jeden Morgen meine Kommunionen mit den Engeln der Mutter Erde

und jeden Abend mit den Engeln des Himmlischen Vaters zu halten, wie es von den Großen Meistern der Bruderschaft eingeführt wurde.
3. Ich möchte und werde mein Bestes tun, dem Pfad des siebenfältigen Friedens zu folgen.
4. Ich möchte und werde mein Bestes tun, um meinen handelnden Körper, meinen Gefühlskörper und meinen Gedankenkörper zu vervollkommnen, wie es die Großen Meister unserer Bruderschaft lehren.
5. Ich werde immer und überall mit Ehrfurcht meinem Meister gehorchen, der mir das Licht der Großen Meister aller Zeiten gibt.
6. Ich werde mich meinem Meister unterwerfen und seine Entscheidungen annehmen, um Streitigkeiten oder Klagen mit oder gegen einen meiner Brüder beizulegen, die im Garten unserer Bruderschaft arbeiten; und ich werde nie irgendwelche Klagen gegen einen Bruder in die Außenwelt tragen.
7. Ich werde immer und überall alle Überlieferungen unserer Bruderschaft geheimhalten, die mir mein Meister erzählt; und ich werde nie irgendjemandem diese Geheimnisse ohne Erlaubnis meines Meisters mitteilen. Ich werde nie das Wissen, das ich von meinem Meister erhielt als eigenes ausgeben und werde ihn immer als Urheber loben. Ich werde nie das Wissen und die Kräfte, die ich durch die Einweihung von meinem Meister erhielt für materielle oder egoistische Zwecke gebrauchen:

Mit dem aufgehenden Tag
umarme ich Dich, meine Mutter,
mit der anbrechenden Nacht
vereine ich mich mit Dir, mein Vater,
und mit dem Ausgang von Abend und Morgen
will ich Ihr Gesetz atmen,
und bis zum Ende der Zeiten
will ich diese Kommunion nicht unterbrechen.

aus dem „Übungshandbuch"
der Schriftrollen vom Toten Meer

Kapitel 7

Die Psychologie

In ihren Kommunionsübungen mit den Kräften der Natur und des Kosmos drückten die Essener ein außergewöhnliches Wissen über die Psychologie aus. Sie wußten, daß der Mensch sowohl ein Bewußtsein als auch ein Unterbewußtsein hatte und sie waren sich der Kräfte beider wohl bewußt.
Indem sie eine Gruppe ihrer Kommunionen zur ersten Handlung am Morgen machten, setzten sie bewußt Kräfte in Bewegung, die für ihren ganzen Tag zum Notenschlüssel wurden. Sie wußten, daß ein Gedanke, der stark genug im Bewußtsein zu Beginn des Tages gehalten wurde, das Individuum den ganzen Tag beeinflußte. Die Morgenkommunionen öffneten folglich den Geist für harmonische Strömungen, was ihnen die Aufnahme besonderer Energieformen in den physischen Körper ermöglichte.
Die Abendkommunionen, die als letzte Handlung am Abend vor dem Schlafengehen durchgeführt wurden, verwendeten dasselbe Prinzip. Die Essener wußten, daß sie mit diesen letzten Gedanken ihr Unterbewußtsein die ganze Nach hindurch beeinflußten und daß die Abendkommunionen daher das Unterbewußtsein in Verbindung mit der Vorratskammer der höheren kosmischen Kräfte brachte. Sie wußten, daß Schlaf so zur Quelle tiefsten Wissens werden kann.
Der durchschnittliche Mensch macht manchmal die Erfahrung, daß sich ein Problem während des Schlafens gelöst hat, und oft sogar auf eine Weise, die von seiner normalen Denkrichtung abweicht.
Viele Wissenschaftler, Schriftsteller und andere schöpferische

Arbeiter haben ebenfalls herausgefunden, daß ihnen ihre Erfindungen und Ideen in der Nacht oder in den frühen Morgenstunden gekommen waren.

Das Wissen, das während des Schlafs aufgenommen wird, ist die Arbeit der Naturgesetze. Wenn auch der Schlaf für die Mehrheit nur ein wenig mehr als eine Phase der Entgiftung im Sinne einer physiologischen Instandsetzung ist, so bedeutet er doch der kleinen Minderheit die Möglichkeit zur psychologischen Vervollkommnung. Die Essener wußten, daß wenn die höheren Kräfte vor dem Schlafengehen angeregt würden, wenn die irdischen Kräfte vielfältiger Tagesaktivitäten beruhigt waren, dies zur stetigen Erzielung der erhabenen Inhalte der Abendkommunionen führen würde.

Sie wußten auch, daß jeder negative oder unharmonische Gedanke, den sie in ihrem Bewußtsein hielten, wenn sie schlafengingen, ihren Widerstand gegenüber den negativen Kräften in der Außenwelt schwächen würde.

Sie hatten ein tiefes Wissen über den Körper und den Geist. Sie wußten, daß beide nicht voneinander getrennt werden konnten, da sie eine lebendig gewachsene Einheit bilden, und was das eine beeinflußt, wirkt auch auf das andere. Die Essener waren der psychosomatischen Medizin um Tausende von Jahren voraus.

Sie wußten, daß körperliche Gesundheit viel mit der Empfänglichkeit für höhere Kräfte zu tun hatte und daß ein entgifteter Organismus eher dazu fähig ist, einen Kontakt mit ihnen herzustellen als einer, in dem die Kräfte teilweise dadurch gelähmt sind, daß er körperliches Gift während des Schlafes beseitigen muß. Die höheren Offenbarungen, die uns durch große Denker und Lehrer aus dem Altertum übermittelt wurden, sind von jenen gegeben worden, die ausnahmslos ein sehr einfaches und harmonisches Leben führten. Ihr Körper war folglich außerordentlich gesund. Es war kein Zufall, daß große Offenbarungen der Wahrheit von großen Meistern empfangen wurden; ihr Organismus hatte die Fähigkeiten entwickelt, die denen fehlten, deren Leben mehr dem weltlichen Streben gewidmet waren. Die Lehren und Lebensweise der Essener brachten diese Fähigkeiten hervor.

Sie legten großen Wert auf die Nahrung und achteten darauf, daß sie mit dem Naturgesetz in Einklang war, doch genauso sorgfältig achteten sie auf richtige Ernährung der Gedanken und Gefühle. Es war ihnen vollkommen klar, daß das menschliche Unterbewußtsein wie eine lichtempfindliche Platte alles aufnimmt, was der einzelne sieht oder hört, und daß es daher erforderlich ist, alle niederen Gedanken, wie jene der Furcht, Angst, Unsicherheit, Haß, Unkenntnis, Egoismus und Unduldsamkeit daran zu hindern, daß sie durchs Tor des Unterbewußtseins hereinkommen.

Ihnen war auch das Naturgesetz bekannt, daß zwei Dinge nicht den gleichen Platz zur gleichen Zeit einnehmen können und daher ein Mensch nicht zwei Dinge gleichzeitig denken kann. Wenn also das Bewußtsein mit positiven, harmonischen Gedanken erfüllt ist, so können negative und unharmonische Gedanken nicht mehr darin einziehen. Positive und harmonische Gedanken müssen ins Unterbewußtsein eingeführt werden, um alle niederen Gedanken zu ersetzen, gerade so, wie die Zellen im Körper durch Nahrung, Luft und Wasser dauernd erneuert werden müssen, wenn die alten Zellen ausgeschieden werden. Dies war ein Teil der Pflichten, die von den Essenern ausgeführt wurden, um jeden Morgen, Mittag und Abend höhere Gedanken- und Gefühlsströmungen in den Gedanken- und Gefühlskörper einzuführen.

Das Unterbewußtsein kann durch eine Diät von guten und harmonischen Gedanken und Gefühlen wiederbelebt werden, wenn sie während des Tages eingehalten wird, aber vor allem in Momenten des Grenzzustandes des Bewußtseins, wenn seine Aufnahmefähigkeit am stärksten ist. Wenn es auf diese Weise wiederbelebt ist, kann es zu einer Quelle der Energie und Harmonie für Körper und Geist werden. Es wird wie ein Freund aufbauende harmonische Botschaften an jeden Teil des Körpers schicken und ihn zu wirksamer Arbeit anregen.

Die den Essenern bekannte Tatsache von der Übertragung eines Gedankens ins Unterbewußtsein ist z.B. von den modernen Psychologen wiederentdeckt worden. Es ist bekannt, daß das Unterbewußtsein eines Menschen nicht ohne weiteres vernünftige Anregungen aufnimmt, wenn er im Wachzustand ist. Und wenn er unbewußt ist, kann er natürlich auch nicht bewußt sein Unterbewußtsein beeinflussen. Doch es gibt Augenblicke, in denen das Bewußtsein nur halb ins Unterbewußtsein eingetaucht ist, Momente, wie sie kurz vor dem Einschlafen oder kurz nach dem Erwachen auftreten, und manchmal in einem erhöhten Gefühlszustand beim Hören von wunderbarer Musik oder eines anderen Kunstwerks. In solchen Augenblicken ist das Unterbewußtsein wesentlich aufnahmefähiger.

Viele Lehren nutzen diese sehr wichtige psychologische Tatsache, sowohl die Lehren der großen Religionen und Übungssysteme des Altertums in Ost und West als auch die modernen philosophischen und psychologischen Systeme.

Das Unterbewußtsein ist lebendig, verändert sich ständig, so wie auch die Zellen des Körpers, und es wird dauernd mit Erfahrungen und Eindrücken gefüttert, die es vom Bewußtsein bekommt. Diese Erfahrungen enthalten alle Gedanken und Gefühle, die stark genug haften, um einen Eindruck zu hinterlassen. Die traumatischen Erfahrungen der Kindheit sind jene, die mit großer Intensität gefühlt und an das Unterbewußtsein weitergegeben wurden, aber nie von neuen und konstruktiveren Eindrücken ersetzt wurden.

Das Unterbewußtsein wurde als Totalität der Erfahrungen eines Menschen von Geburt bis zum gegenwärtigen Augenblick definiert. Jede lebendige neue Erfahrung verändert es; es kann auch bewußt verändert werden, wenn ein neuer Eindruck intensiv genug ist. Je stärker der Eindruck, desto länger wird er im Unterbewußtsein bleiben.

Bestimmte andere Tatsachen waren den Essenern bekannt, die darüber entschieden, ob das Unterbewußtsein einen Gedanken oder ein Gefühl annimmt. Eine war der Umstand, daß das Unterbewußtsein einen Gedanken ablehnt, wenn der bewußte Geist diesen nicht als Realität und Möglichkeit akzeptiert.

Eine andere Tatsache war die Notwendigkeit, den Gedanken ohne Anstrengung, spontan, ins Unterbewußtsein zu übertragen. Wird eine Anstrengung unternommen, wird der volle Bewußtseinszustand erweckt und das Unterbewußtsein bleibt unzugänglich. Spontan und ohne Anstrengung zu handeln erfordert vollkommene Entspannung von Körper und Geist. Das war Teil der Übungen bei den Essenern.

Sie erlangten den ersten Schritt zur Entspannung durch die Lösung der Spannung oder Verkrampfung einer Muskelgruppe nach der anderen den ganzen Körper entlang. Der zweite Schritt war die flache Atmung. Das verringert die Sauerstoffzufuhr in die Lungen und vermindert die Nerventätigkeit und die Aktivität anderer Teile des Organismus, denn Aktivität und Entspannung können nicht zur gleichen Zeit vorkommen. Der dritte Schritt war das Vermeiden von Gedanken. Für den Menschen von heute ist das im allgemeinen nicht einfach. Eine Methode dafür ist, sich in totaler Dunkelheit und Stille die Dunkelheit des schwarzen Samtes vorzustellen und an nichts anderes zu denken. Mit diesen drei Schritten brachten die Essener eine Art Halb-Bewußtsein hervor, in das ein neuer Gedanke oder ein neues Gefühl leicht ins Unterbewußtsein eingeführt werden konnte.

Der Gedanke, der auf diese Weise eingeführt wurde, sollte rhythmisch genug sein, um den Zustand der Entspannung und des Halb-Bewußtseins zu erhalten. Und er sollte über genügend Kraft verfügen, um ins Unterbewußtsein einzudringen und von ihm als Wirklichkeit vollständig aufgenommen zu werden. Diese Voraussetzungen um Gedanken und Gefühle bewußt ins Unterbewußtsein zu übertragen, wurden vollkommen von der Übung der Essener-Kommunion erfüllt.

Es wurde bewiesen, daß es ganz im Ermessen des Einzelnen liegt, was er seinem Unterbewußtsein hinzufügen will, welche Arten von neuen Zellen er hineinbauen möchte. Er kann entweder vom Gesetz abweichen und Sklave seines Unterbewußtseins werden oder er kann eine aktive Rolle an dessen Wiederbelebung übernehmen.

Das Wissen der Essener vom Bewußtsein war so tief wie ihr Verständnis vom Unterbewußtsein. Ihre Vorstellung von der Psyche war so vielseitig um zu wissen, daß das Ziel ihrer Kommunionen nicht durch intellektuelle Übungen allein erreicht werden konnte, sondern daß auch die Kraft des Gefühls dazu

erforderlich ist. Wissen muß ein Gefühl hervorrufen bevor eine Handlung daraus entsteht.
Fühlen ist nicht einfach nur ein unfreiwilliger Prozeß wie viele Leute meinen. Es ist ein Teil der Aktivität des Willens. Für die Essener bestand der Wille aus drei Faktoren: dem Denken, Fühlen und Handeln. Dieses Konzept wird in modernen Begriffen anhand eines Vergleichs mit Teilen eines Autos illustriert: Der Gedanke ist das Steuerrad, das Gefühl der Motor oder die Antriebskraft, die Handlung entspricht den Rädern. Um zu einem vom Willen bestimmten Ort zu gelangen, müssen alle drei Teile zusammenarbeiten. Ist ein Ziel erdacht, der Wunsch oder das Gefühl erweckt, findet die Handlung statt.
Der Wille kann dazu genutzt werden, um Gefühle zu erwecken. Er muß regelmäßig gebraucht werden, um ein gewünschtes Gefühl erwecken zu können. Das kann durch Übung entwickelt werden. Eine Technik, die den Essenern bekannt war, ermöglichte einem Indiviuum, seinen Willen in jeder gewünschten Weise zu nutzen.
Wenige wissen das; wenige wissen, daß ihre Gefühle gemeistert werden können. Das kommt daher, weil sie nicht wissen, wie sie ihre Gedanken und Gefühle verbinden können um die gewünschte Handlung durchzuführen. Sie mögen über das rechte Wissen verfügen, handeln aber im Widerspruch dazu. Sie mögen zum Beispiel rechtes Wissen über die Gesundheit haben, nehmen aber weiter schädliche Nahrung zu sich. Aber ein Gefühl wie Furcht vor Schmerz oder Tod wird sie zur richtigen Handlung veranlassen.

Von den drei Kräften, Denken, Handeln, Fühlen, ist Denken die jüngste Kraft und hat folglich den schwächsten Einfluß auf das menschliche Bewußtsein. Doch der Mensch entwickelt sich; seine Gedankenkraft nimmt zu. Der Gedanke verleiht dem Menschen Würde. Es ist eine Fähigkeit, die seiner persönlichen Beherrschung unterliegt; er kann über alles nachdenken, was er sich wünscht. Er kann seine Gefühle durch Gedanken beherrschen.
Gefühle haben eine Geschichte von hunderten von Jahrtausenden und haben daher eine viel stärkere Antriebskraft als das

Denken entwickelt. Folgerichtig beherrschen sie, und nicht das Denken, die Handlungen des Menschen. Instinkte beherrschen die Tiere. Aber der Mensch muß lernen, beides zu beherrschen, die Instinkte und die Gefühle, wenn er den Kräften des Rückschritts Einhalt gebieten will. Und das kann er nur mit seinem Willen erreichen.

Die Essener glaubten, daß der Mensch seine Gedanken und Gefühle untersuchen und herausfinden kann, welche ihm die Kraft geben, eine gewünschte Handlung durchzuführen und welche ihn dabei lähmen.

Wenn er eine gute Tat vollbringt und sein Handeln untersucht, so kann er herausfinden, welche Gedanken und Gefühle ihn dazu veranlaßt haben. Er wird dann verstehen, welche Art von Gefühlen und Gedanken er pflegen sollte.

Er wird herausfinden, daß Taten nicht von abstrakten Gedanken oder kalten intellektuellen Vorstellungen in die Wege geleitet werden. Taten werden von Gedanken angetrieben, die Lebenskraft und Farbe besitzen und die Gefühle erwecken. Nur so haben sie genug Kraft um in einer Handlung aufzugehen.

Farbe und Lebenskraft werden dem Gedanken durch schöpferische Vorstellung gegeben. Gedanken müssen Bilder schaffen, die lebendig sind. Östliche Völker haben sich lange in dieser Kunst geübt, Gedanken lebendig zu gestalten, voll von Bildhaftigkeit und Phantasie. Das ist eine Kunst, die im Westen unbeachtet blieb und beinahe vergessen wurde.

Verstreute, unzusammenhängende Gedanken, die von einer Sache zur anderen treiben, sind nichts als blasse Geister ohne Leben. Sie sind nicht lebendig, erwecken kein Gefühl und keine Handlung. Sie sind wertlos.

Hinter jeder Handlung steht ein Gefühl. Ein richtiges Gefühl entwickelt notwendigerweise eine richtige Handlung. Richtige Gefühle sind Quellen von Energie, Harmonie und Glück. Wenn sie nicht Quellen dieser Qualitäten sind, dann sind sie nicht nur wertlos, sondern gefährlich.

Gefühle können in einem von zwei Bereichen liegen: solche die Energie entwickeln und solche, die sie erschöpfen. Mit dieser Analyse kann der Mensch anfangen, seinen Willen zu entwickeln.

Durch die Stärkung aller Gefühle, die Energie erzeugten und durch die Vermeidung aller Gefühle, die zu ihrer Erschöpfung führten, erkannten die Essener, wie Willenskraft erlangt werden kann. Die Übung des Willens erfordert Beharrlichkeit und geduldige Bemühung. Dadurch können die höheren Gefühle des Einzelnen langsam eine ausgedehnte Schatzkammer voll Energie und Harmonie erschaffen. Und die niederen Gefühle, die zur Schwäche und zu Gleichgewichtsstörungen führen, werden schließlich ausgelöscht.

Das Gefühl, das die größte Energie erzeugt, ist die Liebe, in all ihren Ausdrucksformen, denn Liebe ist die übergeordnete Quelle alles Existierenden, aller Quellen von Energie, Harmonie und Wissen. In ihrem irdischen Wesen gibt sie alles, was zur Gesundheit nötig ist. Manifestiert sie sich im menschlichen Organismus, gibt sie allen Zellen, Organen und Sinnen eine dynamische Harmonie. Offenbart sie sich im Bewußtsein, macht sie dem Menschen möglich, die komischen und natürlichen Gesetze zu verstehen, einschließlich der sozialen und kulturellen Gesetze und sie als Quellen der Harmonie und des Wissens einzusetzen. Der Wille ist der Schlüssel zur Manifestation dieser größten Energiequelle.

Die drei Feinde des Willens sind Zerstreuung von Energie, Bequemlichkeit und Sinnlichkeit. Diese drei können zu einem weiteren beliebtem Feind des Willens werden: der Krankheit. Gute Gesundheit ist der stärkste Freund des Willens. Ein lebendiger, gesunder Mensch befiehlt seinem Willen und dieser gehorcht, hingegen lähmen Muskelschmerzen oder Nervenschwäche den Willen. Das war einer der Gründe, warum die Essener so viel Wert auf gute Gesundheit und auf eine Lebensweise und Gedanken legten, die Gesundheit erzeugten.

Die Durchführung der Kommunionen verlangte fortwährende Übung und Anwendung des Willens. Sie waren der Meinung, daß jeder große Kulturwert seine Entstehung der Ausübung des Willens verdankt, und daß wahre Werte nur von jenen geschaffen wurden, die den Willen gebrauchten. Es war ihnen völlig klar, daß der Wille geschult werden muß und sie nahmen an, daß der Schlüssel zu seiner Ausbildung in der Bestimmung der Gefühle durch eine machtvolle schöpferische Vorstellung liegt.

Mit Hilfe ihres grundlegenden Verstehens psychologischer Kräfte lehrten die Kommunionen der Essener dem Menschen den Weg zur Freiheit, den Weg der Befreiung aus einer blinden Hinnahme schlechter Zustände, sowohl des physischen Körpers als auch des Geistes. Sie zeigten den Weg einer optimalen Evolution von Geist und Körper.

*Und er gab dem Menschen zwei Geister zu seiner Seite,
den Geist der Wahrheit und den Geist der Falschheit,
Wahrheit geboren aus der Quelle des Lichts,
und Falschheit aus dem Brunnen der Dunkelheit.
Die Führung aller Kinder der Wahrheit
liegt in den Händen des Engels des Lichts,
damit sie auf den Wegen des Lichts wandeln.
Der Geist der Wahrheit und der Geist der Falschheit
ringen miteinander im Herzen des Menschen,
mit Weisheit und Dummheit.
Und wenn ein Mensch Wahrheit erwirbt,
wird er die Dunkelheit meiden.
Segen all jenen, die ihr Los mit dem Gesetz teilen,
die wahrhaftig auf all ihren Wegen gehen.
Das Gesetz segne sie mit allem Guten
und schütze sie vor allem Übel
und erleuchte ihre Herzen
mit dem Einblick in die Dinge des Lebens
und begnade sie mit dem Wissen von den ewigen Dingen.*

aus dem „Übungshandbuch"
der Schriftrollen vom Toten Meer

Kapitel 8

Individuelle Selbsterforschung

Vor tausenden von Jahren praktizierten die Essener ein System der Psychoanalyse, das bei weitem vielseitiger war, als die Psychoanalyse heute. Es liegt zeitlich zwar länger zurück, hat aber eine allumfassende Qualität, die der modernen Psychoanalyse fehlt.
Dieses System beruht auf einer persönlichen Selbstbeobachtung anhand der Lebensideale der Essener und der eigenen Entwicklung und kann für den gegenwärtigen Menschen als Maßstab für seinen Grad an Harmonie mit dem Gesetz von großem Wert sein.
Die Essener, die in Betracht zogen, daß der Mensch inmitten eines Kräftefeldes lebt, wußten, daß die natürlichen und kosmischen Kräfte, die ihn umgeben und ihn durchströmen, höhere positive Kräfte sind. Aber sie wußten auch, daß der Mensch durch Mißachtung des Gesetzes im Denken, Fühlen und Handeln, ständig negative, niedere Kräfte erzeugt, inmitten derer er auch lebt. Er steht mit allen diesen Kräften in Verbindung und kann sich von ihnen nicht trennen. Darüberhinaus wirkt er ständig, bewußt oder unbewußt, mit den höheren Kräften oder mit den niederen Kräften zusammen. Er kann sich nicht neutral verhalten. In diesem Essener-System, das zur Zeit des Zoroaster zuerst ausgeübt wurde, machte der Einzelne eine wöchentliche Selbsterforschung seiner Gedanken, Worte und Taten. Dieses Abwägen zeigte ihm den Umfang, wie weit er mit den höheren Kräften zusammenarbeitete oder wie weit er von ihnen abwich und das ergab einen Querschnitt seines Charakters, seiner Fähigkeiten und seines physischen Zustandes, und zeigte

so den Grad seiner eigenen Entwicklung im Leben an.
Diese Analyse ermöglichte ihm, seine starken und seine schwachen Seiten wahrzunehmen. Indem er ernsthaft und nachdrücklich danach strebte, sein Denken, Fühlen und Handeln ständig zu verbessern, kam er mit der lebenslangen Arbeit an seiner Selbstvervollkommnung voran.

Es mag einige Leute geben, die es bei all der modernen Wissenschaft für überflüssig halten, zu einer achttausend Jahre alten Lehre des Altertums zurückzukehren. Aber es ist die Frage, inwieweit die Entwicklungen der Wissenschaft es erreicht haben, das menschliche Glück und Wohlbefinden zu verbessern. Die allgemeine Unsicherheit und Neurose der Gegenwart und die weitgestreuten wirtschaftlichen und sozialen Unruhen geben darauf eine eindeutig negative Antwort. Der Mensch hat sich eine enorme Menge theoretischen Wissens im Rahmen seiner wissenschaftlichen Kultur angeeignet, doch das hat sein Glück oder die Entwicklung seines Selbst nicht vergrößert. Es hat ihm nicht geholfen, ihn mit dem Weltall zu verbinden, der kosmischen Ordnung, oder ihm seinen Platz und seine Aufgabe darin zu zeigen.

Ohne dieses Wissen kann der Mensch nicht den Weg seiner bestmöglichen Entwicklung oder der Evolution des Planeten gehen.
Die Neurose der gegenwärtigen Zeit hat ihre Ursache in den Strömungen menschlicher Abweichungen vom Gesetz der Harmonie mit den natürlichen und kosmischen Kräften. Versucht ein Mensch sein Bestes um mit ihnen in Harmonie zu leben, so wird er niemals Neurosen entwickeln.
Die Psychologie von heute neigt dazu, nur ein oder zwei dieser Naturkräfte zu betonen. Freud zum Beispiel, nahm als Ursache für des Menschen Disharmonie die Abweichung vom Gesetz der Naturkraft des Sex an. Andere haben sich wieder auf andere Formen der Abweichung konzentriert. Aber das System, das zur Zeit des Zoroaster ausgeübt wurde, hielt die Harmonie mit allen natürlichen und kosmischen Kräften für notwendig um eine allgemeine Gesundheit und psychisches Gleichgewicht zu erlangen. Seine Überlegenheit über andere Systeme liegt in seiner Vielseitigkeit und Umfassenheit.

Bei der Selbstvervollkommnung, so zeigt sich, muß der Einzelne Tag um Tag selbst daran arbeiten. Die Psychoanalyse hängt auf der anderen Seite wesentlich vom Analytiker ab, denn die Person, die analysiert wird, übernimmt dabei eher eine passive Rolle. In der Methode aus der Zeit des Zoroaster bleibt das Streben nach Harmonie für den Einzelnen eine Lebensaufgabe, die er selbst durchführen muß, und nicht die Aufgabe von jemand anderem, der sie für ihn in ein paar Jahren oder weniger vollbringt.

Die sechzehn Elemente in diesem System umfassen jeden Gesichtspunkt des menschlichen Lebens. Sie entsprechen in gewissem Grade den vierzehn Kräften, wie sie im Lebensbaum der Essener symbolisiert werden. Es lag weder in der Absicht der Essener und anderer, die natürlichen und kosmischen Kräfte in irgendein lebloses oder künstliches Muster aufzuteilen, sondern die Einteilung wurde nur gemacht, um die Kräfte auf eine Art und Weise zu betrachten, die am klarsten ihren Wert und Nutzen im menschlichen Leben sichtbar machte.

Vollkommenheit wurde in der Selbsterforschung nicht gefordert, aber der Einzelne war angehalten, sich beständig darum zu bemühen, seine Beziehung zu jeder der sechzehn Mächte zu verbessern und immer größere Harmonie und Nutzen aus ihren Kräften und Energien zu ziehen. Derjenige, der das tut, wird sich eines aktiven, schöpferischen Lebens erfreuen, das ihm ein Höchstmaß an Glück bringt und anderen dient. Derjenige, der mit Mißachtung des Gesetzes fortfährt, wird das Leben immer weniger interessant und lohnend finden, während Elend und Frustration zunehmend größer werden.

Die Lehren der Essener gaben den Menschen ein klares Wissen von seinem Platz und seiner Aufgabe im Weltall und ihre wöchentliche Selbsterforschung ermöglichte ihnen zu wissen, wie klar sie die Lehre verstanden hatten und wie gewissenhaft sie übten und dem Weg ihrer eigenen Entwicklung folgten.

Von den sechzehn Kräften, die bei der Selbsterforschung verwendet wurden, gehörten acht zu den irdischen und acht zu den kosmischen Kräften. Die irdischen Kräfte waren: Sonne, Wasser, Luft, Nahrung, Mensch, Erde, Gesundheit und Freude.

Die kosmischen Kräfte waren: Kraft, Liebe, Weisheit, der Erhalter, der Schöpfer, ewiges Leben, Arbeit und Friede. Die Selbsterforschung betrachtete jede der Kräfte von 3 verschiedenen Seiten:
1. Wird die Macht oder Kraft verstanden?
2. Fühlt der Einzelne die Bedeutung der Kraft tief und ernsthaft?
3. Wird die Macht beständig in der bestmöglichen Art und Weise genutzt?

DIE KRÄFTE DER ERDE

Im folgenden werden Sinn und Anwendung der irdischen Kräfte beschrieben:
1. **Die Sonne** ist eine sehr wichtige Energiequelle, und jeden Tag soll der Kontakt mit ihrer Kraft auf eine Weise hergestellt werden, wie sie der Gesundheit und dem Wohlbefinden des Einzelnen am besten dient.

2. **Wasser** ist ein wesentliches Lebenselement. Es soll in der rechten Weise zur Ernährung benutzt werden und im Wasser soll jeden Morgen das ganze Jahr hindurch gebadet werden.

3. **Luft** spielt eine große Rolle für die Gesundheit des Körpers, und so oft wie möglich sollte draußen reine frische Luft geatmet und die Energien der Atmosphäre für die Gesundheit genutzt werden.

4. **Nahrung** soll von der rechten Art in der rechten Menge zu sich genommen werden, um den Organismus mit einer weiteren Lebenskraft zu versorgen.

5. **Der Mensch** sollte eine Kraft darstellen, die das Recht und die Pflicht jedes Einzelnen gegenüber seiner eigenen Entwicklung verkörpert. Jeder Einzelne soll jeden Moment dazu verwenden, seinen Fortschritt voranzutreiben und das ist eine Arbeit, die niemand für ihn tun kann. Er soll seine eigenen Möglichkeiten kennen und verstehen und den direktesten

Weg herausfinden, wie er sie entwickeln und nutzen kann, um der Menschheit zu dienen.

6. **Die Erde** stellt die zwei Aspekte der Zeugungskraft dar, die mehr Leben in Fülle auf dem Planeten schafft. Die eine Kraft erschafft Leben aus dem Boden, läßt Bäume und die ganze Pflanzenwelt wachsen. Die andere drückt sich in den sexuellen Energien des Menschen aus. Der Einzelne soll den Pflanzen- und Nahrungsanbau auf die bestmögliche Weise verstehen und durchführen, und ein harmonisches sexuelles Leben führen.

7. **Gesundheit** hängt von der harmonischen Beziehung des Menschen mit allen Kräften der Erde ab, mit der Sonne, dem Wasser, der Luft, der Nahrung, dem Menschen, der Erde und der Freude. Der Einzelne soll sich die Bedeutung von guter Gesundheit für sein eigenes Wohl und für das Wohl anderer vor Augen halten; und er soll alle Wege üben, die seine Gesundheit in Denken, Fühlen und Handeln verbessern.

8. **Freude** ist des Menschen Recht und so soll er alle täglichen Handlungen mit einem tiefen Gefühl der Freude begehen, auf daß sie ihn durchströme und um ihn herum strahle. Der Mensch soll ihre Bedeutung für sich selbst und andere erkennen.

Dies sind die Naturkräfte, die der Mensch erlernen, verstehen und nutzen soll. Die folgenden acht kosmischen Kräfte sind noch viel wichtiger im Leben des Menschen, denn er kann nicht in vollkommener Harmonie mit den irdischen Kräften leben, bevor er nicht auch Harmonie mit den Himmlischen Kräften erlangt hat.

DIE KOSMISCHEN KRÄFTE

1. **Kraft** findet ihren Ausdruck beständig in den Handlungen und Taten des Menschen, die beide ein Ergebnis seines Zusammenwirkens mit allen anderen Mächten und Kräften sind, im Einklang mit dem stählernen Gesetz von Ursache und Wirkung. Der Einzelne soll die Bedeutung guter Taten verstehen und er

soll wahrnehmen, daß seine Persönlichkeit, seine Situation und Umgebung im Leben das Ergebnis vergangener Taten sind, und seine Zukunft wird genau so sein, wie sie durch seine jetzigen Handlungen angelegt wird. Er ist daher stets dazu angehalten, jederzeit danach zu streben, gute Taten auszuführen, die Harmonie mit den Gesetzen der Natur und des Kosmos auszudrücken.

2. **Liebe** findet ihren Ausdruck in lieben und freundlichen Worten gegenüber anderen, die die eigene Gesundheit und das Glück sowie die der anderen beeinflussen. Tiefe Liebe gegenüber allen Wesen soll in harmonischen Gefühlen und Worten zum Ausdruck kommen.

3. **Weisheit** findet Gestalt in Form von guten Gedanken, und es ist des Menschen Vorrecht und Recht, sein Wissen und Verständnis in jeder nur möglichen Art und Weise zu erweitern, so daß er nur noch gute Gedanken denkt. Er soll danach streben in Weisheit zu wachsen, um immer mehr die kosmische Ordnung und seine eigene Aufgabe darin zu verstehen. Nur indem er einen Grad von Weisheit erlangt, kann der Einzelne erlernen, nur gute Gedanken in seinem Bewußtsein zu halten und sich zu weigern, auf negative, zerstörende Gedanken über irgend eine Person, Ort, Umstand oder Sache einzugehen.

4. **Die Erhaltung** von Werten hängt von der Kraft ab, alles zu erhalten, das nützlich und von wahrem Wert ist, ob es nun ein Baum, eine Pflanze, ein Haus, eine Beziehung zwischen Menschen oder Harmonie in irgendeiner Form ist. Wenn jemand zerstört, oder eine gute Sache verkommen, vergeuden oder beschädigen läßt, in der materiellen wie in der geistigen Welt, so arbeitet er mit den negativen, zerstörenden Kräften zusammen. Jede Gelegenheit muß genutzt werden, um Schaden an allem was von Wert ist zu vermeiden.

5. **Die Schöpfung** kennzeichnet die Notwendigkeit für den Menschen, seine schöpferischen Kräfte zu nutzen, denn seine Aufgabe auf diesem Planeten liegt darin, die Arbeit seines Schöpfers fortzusetzen. Er soll deshalb versuchen, etwas Eigenes

und Schöpferisches zu tun, etwas Neues und Ungewöhnliches, so oft er kann, ob es nun eine Erfindung irgendeiner Art ist, eine künstlerische Arbeit, oder irgendetwas, das anderen zugute kommt.

6. **Das ewige Leben** hängt von der Aufrichtigkeit des Menschen mit sich selbst ab und anderen gegenüber, in allem was er tut und mit allen, die er trifft. Er soll vollkommen aufrichtig dabei sein, wenn er seine Beziehung, sein Verständnis und den Nutzen von all den Kräften der Natur und des Kosmos erforscht, und er soll jede Anstrengung unternehmen, um sich selbst ehrlich zu erforschen, wo er gegenwärtig ist, ohne die Dinge, die er sagt oder denkt zu rationalisieren oder zu rechtfertigen.

7. **Arbeit** ist die Voraussetzung vieler anderer Werte. Das bedeutet für den Einzelnen die Erfüllung der täglichen Pflichten mit Sorgfalt und Wirksamkeit. Das ist der Beitrag des Einzelnen zur Gesellschaft und eine Voraussetzung des Glücks für alle. Denn wenn jemand seine Arbeit nicht sorgfältig erfüllt, so müssen das andere tun. Der Mensch soll ein tiefes Gefühl für Zufriedenheit in seiner Arbeit erlernen, so daß er der Gesellschaft all das zurückgibt, was er von ihr erhält.

8. **Friede** soll von jedem Einzelnen geschaffen und erhalten werden, in ihm und in seiner Umgebung, so daß er zum Werkzeug wird, das dabei hilft, Disharmonie, Feindschaft und Kriege zu verhindern, denn die Bedingungen der ganzen Menschheit hängen von dem Zustand ihrer Atome ab, von den Einzelnen, aus denen die Menschheit besteht. Der Einzelne soll tief die Notwendigkeit für diesen inneren Frieden empfinden und alles dazu beitragen, um den Frieden aufzubauen und ihn zu erhalten, wo immer er sich befindet.

Derjenige, der sich selbst entsprechend dieser sechzehn Lebenselemente erforscht, wird klar erkennen, worin seine eigene Entwicklung verbessert werden kann und auf welche Art er noch mehr zur Entwicklung der Menschheit beitragen kann.

Indem er so handelt, wird er sich weiter auf sein letztes Ziel hinbewegen, dem Ziel, dem die ganze Menschheit entgegenstrebt, der Vereinigung mit dem Himmlischen Vater.

*Ich habe die innere Vision erlangt
und durch Deinen Geist in mir
habe ich von Deinem wunderbaren Geheimnis erfahren.
Durch Deinen mystischen Einblick
hast Du in mir eine Quelle des Wissens geschaffen,
die aus mir hervorquillt,
einen Springbrunnen der Kraft,
der lebensspendendes Wasser fließen läßt,
eine Flut voll Liebe
und allumfassender Weisheit
wie das Strahlen des Ewigen Lichts.*

aus dem „Buch der Hymnen"
der Schriftrollen vom Toten Meer

SELECTED BOOKS BY EDMOND BORDEAUX SZEKELY
ON THE ESSENE WAY OF BIOGENIC LIVING

GUIDE TO THE ESSENE WAY OF BIOGENIC LIVING. All-sided practical techniques of adaptation of the ancient Essene teachings to our 20th century daily life. Biogenic Living in World Perspectives, Biogenic Nutrition, Biogenic Living, Biogenic Dwelling, Biogenic Meditation, Biogenic Sexual Fulfillment, Biogenic Psychology and Self-Analysis, Biogenic Education, the Essene-Biogenic World Movement. The "ten-books-in-one" Biogenic Encyclopedia. Richly illustrated throughout. $ 8.80

THE ESSENE GOSPEL OF PEACE, BOOK ONE	1.00
BOOK TWO, THE UNKNOWN BOOKS OF THE ESSENES	5.80
BOOK THREE, LOST SCROLLS OF THE ESSENE BROTHERHOOD	5.60
THE DISCOVERY OF THE ESSENE GOSPEL OF PEACE. The Essenes & the Vatican.	4.80
SEARCH FOR THE AGELESS, I: My Unusual Adventures on the Five Continents.	7.80
SEARCH FOR THE AGELESS, II: The Great Experiment. Autobiography Continued.	8.80
SEARCH FOR THE AGELESS, III: The Chemistry of Youth.	7.50
THE TENDER TOUCH: BIOGENIC SEXUAL FULFILLMENT	5.50
THE BIOGENIC REVOLUTION: The Complete 1977 International Essene Seminar.	9.50
BIOGENIC REDUCING: THE WONDER WEEK. The Healthy Way—A Pound a Day.	3.80
THE ESSENE BOOK OF CREATION. Light on the Mystery of Mysteries.	4.50
THE ESSENE TEACHINGS FROM ENOCH TO THE DEAD SEA SCROLLS	4.80
THE ESSENE JESUS. Revaluation of the Latest Essene Master and his Teachings.	4.50
THE ESSENE BOOK OF ASHA: JOURNEY TO THE COSMIC OCEAN	7.50
THE ZEND AVESTA OF ZARATHUSTRA. Powerful and Poetic Universal Masterpiece.	4.80
ARCHEOSOPHY, A NEW SCIENCE. Beginning of the Beginnings.	3.80
THE ESSENE ORIGINS OF CHRISTIANITY. 100 Facts and 200 Fallacies.	7.50
THE ESSENES, BY JOSEPHUS AND HIS CONTEMPORARIES	1.80
THE ESSENE TEACHINGS OF ZARATHUSTRA. The Immortal Legend of the Wheat.	1.80
THE ESSENE SCIENCE OF LIFE. Companion Book to the Essene Gospel of Peace.	2.80
THE ESSENE CODE OF LIFE. Guide to the Perplexed. The Natural and Cosmic Laws.	2.80
THE ESSENE SCIENCE OF FASTING AND THE ART OF SOBRIETY	2.80
THE COSMOTHERAPY OF THE ESSENES. Unity of Man, Nature and the Universe.	2.80
THE LIVING BUDDHA: A Comparative Study of Buddha and Yoga.	4.50
TOWARD THE CONQUEST OF THE INNER COSMOS	5.80
JOURNEY THROUGH A THOUSAND MEDITATIONS. 8000 Years of Wisdom.	9.50
FATHER, GIVE US ANOTHER CHANCE. Survival Through Creative Simplicity.	5.80
THE ECOLOGICAL HEALTH GARDEN AND THE BOOK OF SURVIVAL	3.95
THE DIALECTICAL METHOD OF THINKING. Key to the Solution of All Problems.	1.95
THE EVOLUTION OF HUMAN THOUGHT. 87 Great Philosophers, 38 Schools.	1.95
MAN IN THE COSMIC OCEAN. Where No Man Has Ever Gone.	2.80
THE SOUL OF ANCIENT MEXICO. Hundreds of Ancient Pictographic Illustrations.	7.50
THE NEW FIRE. Renewal of Life in a Precolumbian Spiritual Rhapsody.	4.80
DEATH OF THE NEW WORLD. Children of Paradise. Album with 200 Illustrations.	4.80
ANCIENT AMERICA: PARADISE LOST. Pictorial Encyclopedia of a Lost World.	4.80
PILGRIM OF THE HIMALAYAS. Discovery of Tibetan Buddhism.	1.95
MESSENGERS FROM ANCIENT CIVILIZATIONS. Ancient Migrations.	2.50
SEXUAL HARMONY. A Lucid, Common-Sense Approach.	3.50
LUDWIG VAN BEETHOVEN, PROMETHEUS OF THE MODERN WORLD	1.75
BOOKS, OUR ETERNAL COMPANIONS. Culture, Freedom, Democracy, Tolerance.	2.50
THE FIERY CHARIOTS. The Mysterious Brotherhood of the Dead Sea.	4.80
CREATIVE WORK: KARMA YOGA. The Ancient, Mystic Role of Creative Work.	1.95
THE ART OF STUDY: THE SORBONNE METHOD. The Joy of Learning.	2.50
COSMOS, MAN AND SOCIETY. Guide to Meaningful Living in the 20th Century.	5.80
I CAME BACK TOMORROW. The 20th Century Nightmare and the Essene Dream.	2.80
BROTHER TREE. A Charming Ecological Parable for Children of All Ages.	2.80
CREATIVE EXERCISES FOR HEALTH AND BEAUTY. Inspired by Leonardo Da Vinci.	2.95
THE BOOK OF LIVING FOODS. Gastro-Archeological Journey Through Natural Foods.	2.95
SCIENTIFIC VEGETARIANISM. Nutritional, Economic, Spiritual Analysis and Guide.	2.50
THE CONQUEST OF DEATH. Longevity Explored. The Dream of Immortality.	1.95
HEALING WATERS. Fifty European Spa Treatments at Home.	3.50
THE PREVENTIVE DIET FOR HEART AND OVERWEIGHT. Charts and Recipes.	2.50

Please write for complete descriptive catalogue to
INTERNATIONAL BIOGENIC SOCIETY
Apartado 372, Cartago, Costa Rica, Central America

Dr. Edmond Bordeaux Szekely

ist der Enkel von Alexandre Szekely, des bedeutenden Poeten und unitarischen Bischofs von Cluj und ein Nachfahre von Csoma de Koros, des siebenbürger Reisenden und Philologen, der vor über einem Jahrhundert das erste tibetisch-englische Wörterbuch zusammenstellte. Er schrieb auch das unübertroffene Werk 'Asiatische Forschungen'. Dr. Bordeaux promovierte an der Universität in Paris und hat andere Grade von den Universitäten in Wien und Leipzig. Er hielt auch eine Professur für Philosophie und Experimentelle Psychologie an der Universität von Cluj. Als gut-bekannter Philologe in Sanskrit, Aramäisch, Griechisch und Latein, spricht Dr. Bordeaux zehn moderne Sprachen. Seine wichtigsten Übersetzungen außer den ausgewählten Texten der Schriftrollen vom Toten Meer und des Essener Friedensevangeliums sind ausgewählte Texte von der Zend-Avesta und von den vor-kolumbianischen Schriften des alten Mexiko. Er ist Autor von über 70 Büchern über Philosophie und alte Kulturen, die in mehreren Ländern veröffentlicht wurden.

NEU/HERBST 1982

Das „Geheime Evangelium" sind Reden, die Jesus, der Essener, vor einem kleinen Kreis von engen Schülern gehalten hat. Er spricht über die Geheimnisse der Engel, die Geheimnisse der Laute und Töne, die Geheimnisse des Lichts und einer lebenslangen Gesundheit. Diese bisher nie veröffentlichten Texte entdeckte Dr. Székely in den Grüften der vatikanischen Bibliothek. Der zweite Teil des Buches beschreibt spannend und lebendig, wie Dr. Székely die Evangelien der Essener entdeckt und übersetzt hat und die geistigen Verbindungslinien zu den großen Heiligen, des heiligen Hieronymus, Benedikt und Franziskus. Auch wenn die Existenz der Schriften von offizieller kirchlicher Seite abgestritten wird, spricht die Wahrheit aus den Worten des Autors für sich selbst, wenn er über seine Entdeckung der Essener-Schriften berichtet, lange bevor diese durch die Funde am Toten Meer weltbekannt wurden.

Dr. Edmond Bordeaux Székely
Das geheime Evangelium der Essener -
und:
Die Entdeckung des Friedensevangeliums der Essener
ca. 100 Seiten, ca. DM 14,—

Das Wort Schach kommt aus dem persischen „Shah", was König bedeutet, und das ursprünglich Asha hieß, die kosmische Ordnung. In der bekannten Legende lehrte Zarathustra den lebensüberdrüssigen König Vistaspa das Spiel des Asha und demonstrierte ihm damit die Gesetze von Universum und Leben. Des Königs Lebensinteresse ward wieder geweckt und er gab Zarathustra einen Wunsch frei: was er wolle, er würde es ihm geben. Der Ausgang der Geschichte ist bekannt: der Weizen reichte nicht aus.
Die ursprünglichen Lehren, die im Schachspiel enthalten sind, gelten heute noch: Der Mensch lebt inmitten eines Kräftefeldes. Alle natürlichen und kosmischen Kräfte, die den Menschen umgeben und ihn durchfließen, sind Kräfte, die der Mensch zu seinem Wohl nutzen kann. Darauf baut sich auch die Psychologie des Zarathustra auf: Eine Selbstanalyse bringt die Erkenntnis, daß Harmonie mit allen natürlichen und kosmischen Kräften notwendig ist, um gesund zu sein und im Gleichgewicht zu leben. — Die Arbeit an der Selbstverbesserung kann jeder täglich vollbringen. Das Buch erläutert mit den ursprünglichen Symbolen des Schachspiels die Aufgabenstellung.

Dr. Edmond Bordeaux Székely
Das Spiel des Asha
Das Schachspiel und die Ordnung des Universums
144 Seiten, DM 18,—

Die Schriften der Essener
Dr. Edmond Bordeaux Székely

Buch 1
Das Friedensevangelium der Essener
Weltauflage 1 Million
56 Seiten, DM 6,50

Dieses Dokument offenbart, daß Jesus, der Essener, die natürlichen Heilkräfte der Luft, des Lichtes, der Erde und des Wassers kannte. Die modernen Heil- und Ernährungsweisen mit natürlichen Methoden, wie die Kneipp-Kur, die Bäder- und Moortherapie, die Kräuterheilkunde, das Heilfasten, die vegetarische Ernährung beruhen alle auf den direkten oder indirekten Überlieferungen der Erfahrung der Essener. Es ist ein Dokument von vitaler Bedeutung für die heutige Zeit.

Buch 2
Die unbekannten Schriften der Essener
96 Seiten, (mit meditativen Photos) DM 14,—

In poetischen und tiefbewegenden Bildern wird der Leser zur Kontemplation über die Kräfte der Natur eingeladen, die ihm ihrerseits helfen können, sein inneres wie äußeres Gleichgewicht wieder herzustellen. „Die unbekannten Schriften der Essener" enthalten Überlieferungen der esoterischen Lehren von Moses, der ursprünglichen Fassungen der Bergpredigt und der Johannesoffenbarung, Fragmente aus den Schriftrollen vom Toten Meer und des Evangelium des Johannes.

Buch 3
Die verlorenen Schriftrollen der Essener
Mit Photos, DM 14,—

Das dritte Buch der Essener-Trilogie ist eine Sammlung von Texten mit großem spirituellen und poetischem Wert. Der größte Teil der Texte wurde in der vergrabenen Bibliothek der geheimnisvollen Essener-Bruderschaft vom Toten Meer gefunden. Dr. Székely übersetzte diese Schriftrollen auf bewährte Weise. Jeder, der einen direkten Kontakt mit den Kräften der Natur und des Lebens sucht, wird dieses Buch tiefbewegt lesen.

„Das Gesetz ist überall im Leben eingeschrieben, es ist erkennbar im Gras und in den Bäumen, in den Flüssen, Bergen und den Vögeln des Himmels, in den Geschöpfen des Waldes und den Fischen des Meeres; aber vor allem findet ihr es in euch selbst!"

Buch 4
Die Lehren der Essener
(„Essener Meditationen")
3. Auflage, 110 Seiten, DM 14,-

Die Meditations- und Kontemplationsübungen dieses unschätzbaren Buches können dem Ausübenden inneren und äußeren Frieden geben. Als Ergänzung zu den Essener-Schriften zeigt es die Anwendung der jahrtausendealten Lehren über die Kommunion mit den Engeln der Natur und des Kosmos. Der siebenfältige Frieden war die Zusammenfassung der Lehren der Essener und ist heute wichtiger denn je.
Das Buch ist insgesamt auch eine ausgezeichnete Einführung in die Lehren und die Psychologie der Essener-Bruderschaft vom Toten Meer.

Michio Kushi

Das Buch der
Makrobiotik

**Ein Führer zu Gesundheit,
Lebensfreude und evolutionärer Lebensweise**
Michio Kushi, der aktive Nachfolger G. Ohsawas, lehrt die Makrobiotik seit über 30 Jahren in allen großen westlichen Ländern. Aus dieser Tätigkeit und Erfahrung destilliert dieses Buch die wesentlichen Prinzipien einer harmonischen Ernährungs- und Lebensweise. Denn das Verstehen der Makrobiotik, die sich auf Erkenntnisse über die Ordnung des Universums stützt, kann einen Maßstab in die Hand geben, wie die gegenwärtigen Menschheitsprobleme und Energiekrisen in dauerhafte, evolutionäre Entwicklungen auf der Erde umgewandelt werden können.
Das Buch ist eine einfache und praktische Darstellung der Prinzipien der Makrobiotik, die jeder Mensch verstehen und anwenden kann.
Aus dem Inhalt: Die Degeneration des Menschen — Die Ordnung des Universums — Die menschliche Konstitution und Ernährung — Ernährungsprinzipien — Das Prinzip des Kochens — Die Praxis der natürlichen Lebensweise — Menschliche Krankheiten, ihre Ursachen und Überwindung — Eine friedliche Welt — Die biologische Revolution — Die zukünftige Weltgemeinschaft — Neue ökonomische Grundlagen — Mann und Frau und vieles mehr.
240 Seiten, DM 24,- über 30 Abbildungen, viele Tabellen

DER TAROT-WEG

Micheline Stuart

DER TAROT-WEG ZUR SELBSTENFALTUNG

Mit schönen und genauen Symbolen stellt das Tarot eine Lebensreise dar. Jede Hauptkarte illustriert eine kritische Stufe auf dem Pfad der menschlichen Entwicklung. Die Reise beginnt mit dem *Narren*, dem unreifen und impulsiven Wesen des Menschen. Sie endet mit dem *Magier*, der seinen Egoismus überwunden hat und alle Dinge des Lebens meistert. Auf dem Weg gibt es viele Stufen. Die *Sonne*, der *Turm*, die *Liebenden*, die *Kaiserin* – jedes Bild ist ein Kettenglied des Seins und muß völlig erfahren und verstanden werden. *Der Tarot-Weg zur Selbstentfaltung* zeigt, wie wir die Stufen der Reise durch das Leben erkennen können und erweckt und wandelt auf diese Weise unser wahres Selbst.

Um die Aussage, die in den Karten verborgen liegt zu begreifen, muß man selbst auf diese Reise gehen – mit ganzem Herzen. Dann ist das Buch ein Spiegel unserer Erfahrung und eine Hilfe zur Entfaltung unserer Ganzheit.

64 Seiten, DM 10,- , mit Abbildungen aller 22 Hauptkarten des Tarot.

Frühjahrsneuerscheinung 1982

Hussein Abdul Fattah
(Stefan Makowski)

Die Traube der Naqschibandî

Erfahrungen auf dem Weg der Derwische
ROMAN

120 Seiten, DM 18,–

Dieser autobiographische Roman schildert die Etappen eines Weges der Selbsterfahrung, der über intensive Erlebnisse in psychotherapeutischen Gruppen, magische indianische Rituale und Erfahrungen mit religiöser Hingabe zum Weg der Schweigenden Derwische führt.

Dieser lebendig geschriebene Roman hebt sich in vielem von üblichen Romanen der Bestsellerindustrie ab: er zeichnet sich aus durch besondere literarische Qualitäten, der Fähigkeit, Erlebnisse genau nachzuzeichnen und den Leser in einen Bann des Miterlebens zu versetzen. Darüberhinaus zeigt er, wie verschiedenartige Erfahrungen einen Menschen tiefer in die Bedeutung des eigenen Lebens und zu einer neuen Ausrichtung bringen können.

Die äußere Handlung führt den Autor in Tiefen seiner Seele, in mystische Erlebnisabschnitte, die mehr als nur Selbstbespiegelung sind. Die innere Reise wechselt ab mit äußeren Reisen, die Hussein Abdul Fattah nach Mexiko und Guatemala führen, wo er die mythisch-arachaischen Rituale der Huicholindianer kennenlernt und wieder zurück nach Berlin, wo er zum ersten Mal die Rituale der Derwische kennenlernt. Der rote Faden, der sich durch das Buch zieht, ist der magische Schutz der Sufi, auf den sich der Autor immer wieder stützen kann und deshalb schließlich seine geistige Richtung findet.

Dieser Roman ist eine wichtige Ergänzung zu Reshad Feilds Büchern über den Weg der Derwische. Für viele Leser nachvollziehbar, findet der Autor seinen Weg zur geistigen Welt über psychotherapeutische Erfahrungen, die heute bereits vielen bekannt sind.

ISBN 3-921786-30-4

**Fordern Sie bitte unseren Gesamtkatalog 1981/82 an, der weitere Bücher des Verlags enthält.
Zu beziehen bei:**

**Verlag Bruno Martin
Schnede 3
2125 Salzhausen
Tel: 0 41 72 / 77 27**